中国現地法人
の財務会計業務
チェックリスト〔3訂版〕

著 加納 尚
レイズビジネスコンサルティング（上海）有限公司 CEO
公認会計士

税務経理協会

第3版の発刊にあたって

　筆者が中国に勤務してから12年が経過した。いろいろな中国現地法人を訪問するときに，「『中国現地法人の財務会計業務チェックリスト』を読みました」というありがたいお声をかけていただくことが増えた。拙著をご利用いただいていることにうれしさと身が引き締まる思いである。

　今回の改訂にあたっては，近年日本をにぎわしている「不正リスク」への対策を意識した。
　従来からのチェック項目に加え，今回追加した項目として，インターネットバンキングシステムの管理状況，不要な銀行口座の有無，仕入先の信用調査，顧客マスタの登録牽制状況，架空従業員の有無，銀行振込データと給与台帳の一致状況，売上値引・取消しの承認状況，（顧客への）請求書の確認状況，前受金の管理状況などが不正リスクに対応している。

　江守商事や東芝等の不適切会計発覚とそれに対するマスコミ報道が，親会社本体の存続さえ危うくさせることに多くの企業が強い懸念を感じ，対策を講じている。
　しかしながら，中国現地法人については自身の子会社ながらその実態や問題点，改善方法について十分な把握・コントロールができていない状況がまだ多いように思われる。日本と中国の間の言葉や文化の壁を背景として，どうしても中国子会社の管理が日本から十分に及ばないという状況は，程度の差はあれ，中国子会社を持つ全ての企業にとって共通する問題の根源である。

　そのような状況に拙著を利用することによって，中国現地法人の管理業務の水準，問題点，改善策の構築に役立てていただければ幸甚である。また，拙著について質問やご意見があればぜひレイズビジネスコンサルティング（www.raiseconsult.com）に問い合わせてほしい。

　また，今回の改訂においては，IT全般管理を追加した。

過去の中国現地法人ではITシステムを導入せず，安価な間接部門人材を多量に雇用することによって手作業でデータ処理を行うことができた。しかしながら人件費が高騰する一方で企業規模が拡大した現状に対して，効率的かつ精度の高いデータ処理を行うためにITシステムを導入する事例が増えている。しかしながら，IT部門が重視されておらず小人数しか雇用されていない状況や，経営層がITシステムに関する知識に乏しいため現地IT担当者や外部のシステム会社任せになっている状況がよくみられる。その結果，ERPのような高価なITシステムを購入したもののまったく利用されずに放置されている事例が少なからずみられる。

　J-SOXの内部統制体系においても，IT統制「情報技術（IT）への対応」は6つの基本的要素のひとつとして挙げられている。中国現地法人がITシステムを導入することは経営の効率化に役に立つことであるが，同時にITシステムが有効に機能しなければ決算や経営管理がたちまちできなくなってしまうというリスクをはらむ。本書のIT全般管理のチェック項目はまずは基本的（全般的）な内容としているが，日本親会社や駐在員経営層が自社のIT統制を理解するために利用していただければと思う。

　最後に，巻末の財務会計業務チェックリストの中国語翻訳を行っていただいたレイズの何卓琴様，ディレクター陳励様，中国語の校正を行っていただいた中級会計師の袁鵬様，及び第3版発刊のお話をいただき日本語版の校正を行っていただいた税務経理協会の大川晋一郎様には，厚く御礼申し上げる。

2018年2月5日

レイズビジネスコンサルティング（上海）有限公司

ＣＥＯ　公認会計士　加納　尚

はじめに

　2001年に中国がＷＴＯに加盟して以降，多くの日系企業が中国に進出した。日系企業の進出は2003年にピークを迎え，以後数年を経過している。
　日系企業が中国に進出する理由として，当初は中国の安価な労働力を求めたローテク製品の製造拠点としての位置付けであった。しかしながら最近では中国市場の発展に伴い，中国現地法人には，調達，生産，販売を独自で統括的に行い，収益とキャッシュフロー拡大を目指す機能が求められてきている。
　これらを達成するためには，中国現地法人内において適切なコーポレート・ガバナンスを構築し，効率的な企業運営及び適正な財務管理情報を生成することが前提となる。

　本書では，中国現地法人を持つ日本親会社向けに，具体的なチェックリストを持って中国現地法人の財務会計業務をチェックし，一定水準以上の会計業務運用に基づく適正な財務情報生成を支援することを目的としている。
　チェックリストの中には，日本国内においては「当然実施すべき業務」も記載されているが，中国では必ずしも「当然」とはいえないものもある。これらについて，多くの中国内日系企業が明確に中国人に提示あるいは説明しないため，日本人の「当然」が中国人に理解されていないケースも多く見られる。さらには，「中国人の業務レベルは低い」とか「中国人に騙された」と一方的に中国人に対する批判に終始している事例もある。これでは日中双方とも不幸な結果となる。

　本書のチェックリストを利用することによって，日本親会社と日本人出向者，また中国人従業員との相互の理解を促進し，お互いが業務の必要性を理解して中国現地法人の適切なコーポレート・ガバナンスが達成されることを祈念する。

また，本書の出版に当たって協力いただいた，税務経理協会シニアエディター堀井裕一様及びレイズビジネスコンサルティング（上海）有限公司ディレクター陳励様に厚く御礼申し上げる。

2012年3月5日

　　　　　　　　　　　　　　　レイズビジネスコンサルティング（上海）有限公司
　　　　　　　　　　　　　　　　　ＣＥＯ　公認会計士　加納　尚

目 次

第Ⅰ章　財務会計チェックリストのねらい（ニーズ） …… 1

- ニーズ1　財務会計業務の可視化 …… 1
- ニーズ2　財務会計業務のレベルアップ …… 2
- ニーズ3　日本親会社への報告 …… 2
- ニーズ4　安定的な財務会計プロセスの運用 …… 3
  - **Column 1**　中国語の「経理」と「財務」 …… 4

第Ⅱ章　財務会計チェックリストの利用方法 …… 5

- 段階1　チェックリストの提示・カスタマイズ（Plan） …… 5
- 段階2　日次・月次の財務会計業務（Do） …… 6
- 段階3　チェックの実施，結果のフィードバック及び改善提案の提示（Check） …… 6
- 段階4　改善提案の実施（Action） …… 7

第Ⅲ章　チェックリストの範囲 …… 9

第Ⅳ章　チェックリストの詳細 …… 13

1　資金管理 …… 13

- 1-1　現金の保管場所 …… 13
- 1-2　金庫の鍵の保管状況 …… 15
- 1-3　空白小切手・振込依頼書の保管状況 …… 16
- 1-4　現金の保管限度額 …… 17
- 1-5　現金の棚卸状況 …… 18
- 1-6　現金出納帳の記録状況 …… 21
- 1-7　預金出納帳の記録状況 …… 22
- 1-8　預金残高確認書との照合状況 …… 23
- 1-9　支払申請の運用状況 …… 24
- 1-10　インターネットバンキングの牽制状況 …… 25

1-11	インターネットバンキングの振込先マスタ登録牽制状況	27
1-12	インターネットバンキングの送金限度額	29
1-13	不要な銀行口座の有無	30
1-14	仮払金に係る会計伝票の起票状況	31
1-15	仮払現金の記録状況	32
1-16	発票の管理状況	33
1-17	借入金台帳の記録状況	34
1-18	支払利息の計上状況	35
1-19	預金利息の計上状況	36
1-20	為替差損益の計上状況	37
1-21	資金繰り表の作成状況	38
1-22	担保提供資産の状況把握	39
1-23	各管理台帳と総勘定元帳の一致	40

Column 2 中国企業における会社印の種類 …… 41

2 購買・在庫管理 …… 43

2-1	仕入先の信用調査	43
2-2	仕入先マスタの設定状況	45
2-3	購買承認の運用状況	47
2-4	合い見積りの入手状況	48
2-5	発注数量単位と現物カウント単位の一致状況	50
2-6	発注データと入庫データの照合状況	52
2-7	入庫検収記録の作成状況	53
2-8	検収・入庫事実と会計記録の整合性	54
2-9	発注残数量の管理状況	56
2-10	発票の入手・保管状況	58

Column 3 発票とは何なのか？ …… 60

2-11	仕入データと請求データの照合状況	62
2-12	発票の適時入手と仕入れの適時計上	64
2-13	発票発行会社名と振込先銀行口座名の一致状況	65
2-14	発票未入手の場合の仕入計上	67
2-15	概算計上仕入れの発票入手消込み状況	69
2-16	仕入れ単価未確定の場合の見積単価設定状況	70
2-17	不良品・品違い品の処理状況	72
2-18	出庫事実と会計記録の整合性	74
2-19	月次棚卸の実施状況	76
2-20	棚卸の網羅性確認状況	80

2－21	月次棚卸の牽制状況	81
2－22	棚卸差異の分析状況	82
2－23	倉庫担当者と会計担当者の連携状況	85
2－24	期末外貨建債務の換算状況	86
2－25	滞留買掛金の管理状況	87
2－26	買掛金支払サイトの管理状況	88
2－27	滞留原材料の管理状況	89
2－28	取引先との残高照合の状況	90
2－29	各管理台帳と総勘定元帳との一致	91

3　労務費管理 …………………………………………………………… 92

3－1	架空従業員の有無	92
3－2	労務費の把握, 集計状況	93
3－3	労務費の期間帰属	94
3－4	社会保険料の計上, 納付状況	95
3－5	個人所得税の計上, 納付状況	96
3－6	外国籍従業員の個人所得税の計上, 納付状況	98
3－7	賞与引当金の計上状況	99
3－8	人事担当者と会計担当者との連携状況	100
3－9	労務日報の収集状況	101
3－10	銀行振込データと給与台帳の一致状況	102
3－11	給与・賃金の支払状況	103
3－12	人事考課の状況	104
3－13	各管理台帳と総勘定元帳との一致	105

4　販　売　管　理 …………………………………………………………… 106

4－1	引合い情報の一元管理状況	106
4－2	与信管理の状況	108
4－3	顧客マスタの設定状況	109
4－4	製商品マスタ・データの入力確認状況	111
4－5	販売価格の設定状況	113
4－6	製商品出荷の承認状況	114
4－7	製品出荷事実と会計記録の整合性	115
4－8	前受金の管理状況	116
4－9	返品の受入状況	118
4－10	受注残数量の管理状況	119
4－11	クレームの処理状況	121
4－12	売上値引・取消しの承認状況	124
4－13	請求書の確認状況	125

4－14	発票の発行状況	126
Column 4	発票を発行せずに売上を計上する方法	127
4－15	発票発行会社名称と代金振込元銀行口座名との一致状況	128
4－16	営業（又は出荷）担当者と会計担当者の連携状況	129
4－17	期末外貨建債権の換算状況	130
4－18	滞留売掛金の管理状況	131
4－19	売掛債権評価の妥当性	132
4－20	取引先との残高照合の状況	133
4－21	各管理台帳と総勘定元帳との一致	134

5 原 価 計 算 ……………………………………………………… 135

5－1	原材料の直間区分状況	135
5－2	原材料マスタ・データの入力確認状況	137
5－3	継続記録法の適用状況	139
5－4	余剰倉戻しの処理	141
5－5	原材料払出単価の計算	142
5－6	予定為替レートの利用状況	143
5－7	保税品と非保税品の区分	144
5－8	製品種類別原材料費集計表の作成状況	145
5－9	労務費配賦基準の設定状況	147
5－10	製造経費の集計	148
5－11	製造経費の期間帰属	149
5－12	製造経費配賦基準の設定状況	151
Column 5	配賦基準の例	152
5－13	完成品入庫データの把握状況	154
5－14	原価計算表の作成状況	155
5－15	原価計算表の作成時期	157
Column 6	原価計算の有用性を左右する3つのポイント	158
5－16	異常原価の分析状況	160
5－17	不良品原価の算定状況	162
5－18	原価差額の処理状況	164
Column 7	中国では標準原価計算制度を利用できるのか？	166
5－19	棚卸マニュアルの整備・運用状況	167
5－20	外部預け完成品・仕掛品の確認状況	169
5－21	滞留完成品及び仕掛品の把握状況	170

5-22	仕掛品・完成品の棚卸状況	172
5-23	棚卸表の提出タイミング	174
5-24	各管理台帳と総勘定元帳との一致	175

6 固定資産管理 ……………………………………………………………… 176

6-1	合い見積りの入手状況	176
Column 8	固定資産の定義	177
6-2	購買承認の運用状況	178
6-3	固定資産取得と固定資産台帳の整合性	179
6-4	固定資産マスタ・データの入力確認状況	180
6-5	発票の入手状況	181
6-6	資本的支出と収益的支出の区分	182
6-7	固定資産の異動記録状況	183
6-8	固定資産の識別ラベル添付状況	184
6-9	固定資産棚卸の実施状況	185
6-10	固定資産棚卸の網羅性確認状況	186
6-11	減価償却の実施状況	187
Column 9	中国における減価償却方法	188
6-12	固定資産除売却に関する管理状況	189
Column 10	中国では固定資産の「除去」と「売却」の区別がない？	190
6-13	建設仮勘定の管理状況	191
6-14	固定資産の減損状況	192

7 決算報告 ……………………………………………………………………… 194

7-1	財務会計規程の整備と運用	194
Column 11	日本の経理規定と中国の財務会計規定の違い	196
7-2	決裁権限規程の整備と運用	203
7-3	財務部門の継続研修	205
Column 12	中国の会計就業資格の分類	206
7-4	財務部職務分掌規程の整備と運用	208
7-5	決算日程表の整備と運用	209
Column 13	決算日程・分担表の例	210
7-6	会計システムのパスワード管理	212

7－7	エクセルシートのチェック状況	213
7－8	マスタ管理状況	214
7－9	決算整理仕訳一覧表の整備・運用状況	215
7－10	財務諸表の承認状況	216
7－11	税務申告の適時提出	217

8 IT全般管理 … 218

8－1	ITシステム導入にかかる中長期計画の有無	218
8－2	ITシステム運用にかかる業務フローの構築	220
8－3	システム導入時の機能要求表の作成状況	222
8－4	データ移行の管理状況	224
8－5	ITサーバー室への入退室管理	225
8－6	アクセス権限の管理状況	226
8－7	アクセス権限の設定手続	227
8－8	システム構成図の作成状況	228
8－9	ITシステムのメンテナンス記録の閲覧	229
8－10	特権IDの管理状況	230
8－11	データ・バックアップの管理状況	232
8－12	バックアップからのリストア手続	233
8－13	障害記録の管理状況	234

【巻末資料】日本語／中国語対訳　財務会計業務別チェックリスト一覧表 ……… 235

第Ⅰ章 財務会計チェックリストのねらい（ニーズ）

本書は，下記のニーズを持つ中国現地法人及びその日本親会社を対象としている。

ニーズ1　財務会計業務の可視化

業務内容を細分化しチェック項目を設け，項目ごとに「良い／悪い」を評価したい。

　多くの中国現地法人の場合，財務会計業務については，中国人幹部やスタッフに任せきりとなっている。その背景として，製造部門といった直接部門と異なり，財務会計業務のような間接部門においては専門の知識や経験を有する日本人出向者を十分に派遣できず，そのため，中国人任せの中国式の会計基準や税務基準に沿った会計処理を行っているためである。現地法人社長（中国語で総経理という）である日本人出向者が財務会計業務を掌握するという建前になっていたとしても，中国語で記載された会計帳簿を理解して，その良否をチェックし，また中国人に指導を行うことは知識及び時間的にも非常に困難となっているのが多くの中国現地法人の実態である。

　そこで，本書では，財務会計業務及びその背景となる間接業務を項目ごとに細分化し，それぞれについて良否のチェックを行い得るチェックリストを提示している。

ニーズ2　財務会計業務のレベルアップ

<u>財務会計数値を取り巻く組織全体の業務内容をレベルアップしたい。</u>

　会計帳簿及び財務諸表数値は，単に会計部門内で生成されるのではなく，仕入取引については購買部門，在庫管理については倉庫部門，原価計算については製造部門，販売取引については営業部門といった各部門から入手されるデータの精度によって左右される。

　特に中国現地法人においては，社内部門間の情報伝達及び連携が不十分である場合が多く，これにより十分な精度の財務諸表数値が生成されていないという問題点も多く見られる。その対策としては，会計部門に対してのみ改善を促すのではなく，その背景となる購買部門等各部門の改善も行う必要がある。

　本書におけるチェックリストは，会計部門のみならず購買部門，倉庫部門，製造部門，営業部門等においても財務会計上必要な業務項目を含め，社内全体のデータ連携業務改善に資する資料としている。

ニーズ3　日本親会社への報告

<u>中国現地法人において財務会計業務が適切に運用されていることを，根拠をもって説明したい。</u>

　日本親会社にとって，中国現地法人の財政状態及び経営成績は重要な関心事である。特に日本親会社が上場企業である場合，連結財務諸表に取り込まれる中国子会社の財務諸表数値の適正性を確保することは，近年中国現地法人の重要性増加もあいまって，必須の状況となっている。

　ところが，現実には，上述のとおり，日本人駐在員のみで中国人任せの会計処理を把握できておらず，日本親会社においても中国現地法人の会計データの生成プロセス，その精度，適正性について確証を持つことは困難である場合が多い。

　本書の財務会計業務にかかるチェックリストを利用することにより，中国現地法人の現状の良い点と悪い点を明確に区別することが可能となる。チェックの結果判明した良い点をもって日本親会社に中国人担当者の適格性をアピールすることが可能となり，また悪い点については改善対策を示すことにより，中国現地法人の財務会計業務に対する姿勢をアピールすることができる。また，現状において直ちに改善が困難な

項目が判明した場合は，人員の増員や日本親会社からの支援を仰ぐための説明資料とすることも可能である。

ニーズ4　安定的な財務会計プロセスの運用

継続的かつ安定的に適切な財務会計業務が運用されることを意図したい。

　本書のチェックリストは，一度だけ利用するものではない。1回目のチェックの結果，「問題なし」と判断された項目であっても，半年後に再度チェックし継続的かつ安定的に運用がなされているかを判断することが効果的である。また，「問題あり」と判断された項目については，一定期間の猶予を与え，その後改善がなされているかをチェックする必要がある。

　特に中国現地法人では，中国人担当者の退職率が日本より高く，そのため業務の引継ぎが必要となる場面が多くなる。その際に本書のチェックリストを引継ぎ業務内容の確認書として活用し，後日の業務チェックに備えることも有効と考える。

【図1　財務会計チェックリストのねらい（ニーズ）】

ニーズ1．財務会計業務の可視化	現状	財務会計業務については，中国人幹部・スタッフに任せきりとなっている。経営層により詳細な業務内容を直接チェックすることは困難である。
	ねらい	業務内容を細分化しチェック項目を設け，項目ごとに「良い／悪い」を評価したい。
ニーズ2．財務会計業務のレベルアップ	現状	一応財務諸表数値は算出されているが，特定者に作業が集中している等，組織的な統制に基づく財務会計制度としては不十分。
	ねらい	財務会計数値を取り巻く組織全体の業務内容をレベルアップしたい。
ニーズ3．日本親会社への報告	現状	日本親会社から「中国現地法人の経理業務に問題はないか？」「中国人の会計責任者は信用できるのか？」とよく聞かれるが，どのように回答してよいかわからない。
	ねらい	中国現地法人において財務会計業務が適切に運用されていることを，根拠をもって説明したい。
ニーズ4．安定的な財務会計プロセスの運用	現状	財務担当者の交代があった場合に，以前の統制方法が変わってしまう。
	ねらい	継続的かつ安定的に適切な財務会計業務が運用されることを意図したい。

✳ Column 1 ✳

🔹 中国語の「経理」と「財務」 🔹

　中国における会社の社長は「総経理」という名称で呼ばれる。この名称から，「中国企業では経理業務が重視されており，経理部門のトップが社長になる。」や「中国企業のトップは経理業務に関する資質がなければならない。」といった誤解が生じる。

　中国語の辞書を引くと，「経理」とは「経営，管理する。支配人，経営者，社長」と記載されており，ここに会計や財務という意味はない。役職名としてわかりやすく日本語に訳すと「マネージャー」という意味が適切と思われる。購買部門のマネージャーは「購買経理（**中文：采购经理**）」であり，営業部門のマネージャーは「販売経理（**中文：销售经理**）という肩書となる。これらマネージャーを統括する者が「総経理」であり，日本語に訳すと「社長」となる。

　一方，中国語で会計・財務・税務を司る部門は「財務部」と呼ばれる。日本語で「財務部」というと，現金預金の収受と払出，振替，借入金管理，有価証券投資といった資金管理部門をイメージするが，中国語では会計処理と財務諸表作成に係る役割も「財務部」は担う。そのため，日本語でいう「経理部」と中国語でいう「財務部」はイコールと考えてよい。なお，財務（会計）部門のマネージャーは「財務経理（**中文：财务经理**）」である。

　次に，日本では，会計伝票の起票と財務諸表の作成及び分析を司る部門（つまり狭義の経理課）と資金管理を行う部門（つまり財務課）は分離され，両者間の牽制を図ることがセオリーである。中国でも同様であるが，前者は「会計課」，後者は「出納課」という名称になる。

図で示すと，下図のとおり。

<u>日本企業における名称</u>

```
                    ┌─ (狭義の) 経理課  役割：会計仕訳の起票と財務諸表の作成
(広義の) 経理部 ────┤
                    └─ 財務課          役割：現金預金の出納と資金管理
```

<u>中国企業における名称</u>

```
                    ┌─ 会計課  役割：会計仕訳の起票と財務諸表の作成
財務部 ─────────────┤
                    └─ 出納課  役割：現金預金の出納と資金管理
```

第Ⅱ章 財務会計チェックリストの利用方法

　本書の財務会計チェックリストは，財務会計を取り巻く各担当者にチェックリストの内容を説明しヒアリングを行いながら，中国現地法人の現状把握→改善項目の明確化→業務内容のレベルアップを図ることを目的としている。

　チェックリストの利用に際しては，次の段階を経ることを想定している。

段階1　チェックリストの提示・カスタマイズ（Plan）

　本書のチェックリストの利用方法として，「このチェックリストを用いて抜き打ちでテストしてやって欲しい」という要求を承ることがある。確かにそのような利用方法も考えられるが，より有効な利用方法としては，各部門担当者に事前にチェックリストを提示し，その内容を理解し適切な業務運用してもらってから一定期間の試運用期間の後，チェックを行うことも考えられる。よくある中国現地法人の特徴として，「日本人経営層が当然と考える業務レベル」と「中国人担当者が当然と考える業務レベル」が異なったまま，お互いの理解がなされず平行線をたどり，お互いの不信感を生み出していることがある。その対策として，「日系企業として実施して欲しい業務レベル」というものを具体的にリストアップし，中国人担当者に提示の上協議することによって，相互理解と業務の協調を図ることが挙げられる。その上で，合意した事項を従業員が実施しているかどうかをチェックリストで測ることによって，「うまく遵守している点」と「改善協議が必要な点」を明確にすることが可能になる。

　また，チェックリストの提示・カスタマイズにあたっては，各部門幹部のみならず実際の業務を行う担当者レベルも巻き込んで協議を行うことが推奨される。これにより，後のチェック段階において「そのような指示は聞いていない」という従業員からの反論を防ぐことができる。

本書のチェックリストは，中国国内の日系企業に多い製造業を想定して作成されている。すなわち，チェック対象業務の範囲として，資金管理，購買・在庫管理，労務費管理，販売管理，原価計算，固定資産管理，決算報告，IT全般管理の各プロセスを想定している。貿易業や小売業の中国現地法人においては，これら各管理プロセスから取捨選択して活用いただければ幸甚である。

段階2　日次・月次の財務会計業務（Do）

　上述のチェックリストのカスタマイズに係る協議によって，社内の各従業員に「あるべき業務処理レベル」を具体的に理解してもらった後，日次，月次の財務会計にかかわる各業務を行ってもらう。**段階1**の協議段階では「できる」と思っていた業務であっても，実際の運用を行うと意外にうまくいかない業務も発生することがある。その点については，次に述べる**段階3**において丁寧に担当者からヒアリングを行い，対策の協議を行う。

段階3　チェックの実施，結果のフィードバック及び改善提案の提示（Check）

　この段階が最もチェックリストが効力を発揮する。事前に合意したチェックリストによって，各業務のチェックを行い，現状における「問題なし」の項目と「問題あり」の項目を明確に区分する。「問題なし」と判断された項目については，その旨を現場担当者及びその上席者に伝達し「褒める」ということが肝要である。これにより従業員は一層のチェックリストへの遵守とやる気を示す。
　「問題あり」と判断された項目については，「なぜできないのか？」「できるための対策は何なのか？」「代替的手続はあるか？」を現場担当者と上席者を交えて検討し，今後の改善策を協議する。改善策について合意が形成できれば，一定期間後（例えば半年後）に再度チェックを行う旨を伝える。

　ここで重要なことは，「問題あり」と判断された項目について，担当者や現場管理者の責任を追及するのみで，改善策については「現場管理者任せ」で終わってしまうようでは，チェックリストの利用意義が低下する。日本本社の内部監査室等から中国に出張した日本人が行う監査には，問題点を指摘するのみで「具体的にどのように改

善すればよいか」についてはあまり言及されないケースが多い。多分に文化の異なる中国において，具体的な改善指導まで行う時間がないというのが実状であると思われる。

しかしながら，チェックリストを用いて具体的な業務要求項目とその趣旨を，時間をかけて協議し，日本親会社の要求を満たす業務内容と現場の事情を勘案しながらチェック作業を行うことが有意義である。

段階4　改善提案の実施（Action）

チェックの結果「問題あり」と判断された項目について，上述の改善協議結果に基づき改善後の業務を行う。次回のチェックにおいて「改善済み」と判断されれば，その旨を担当者と上席者に伝達し，「褒める」ことが筆者の経験上肝要である。また，改善協議によって代替的手続を採用する等，チェックリストに記載されている業務内容を変更する必要があれば，**段階1**に戻ってチェックリストの修正を行う。

これら**段階1**から**段階4**を定期的に繰り返すことによって，現状業務の把握→改善項目の明確化→業務内容のレベルアップを図っていく。

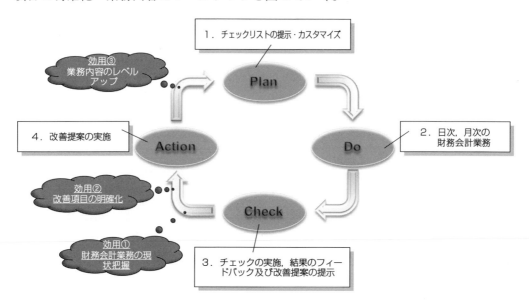

第Ⅲ章 チェックリストの範囲

　本書のチェックリストの範囲は，会計部門が司る会計処理のみならず，その基礎となる資金管理，購買・在庫管理，労務費管理，販売管理，原価計算，固定資産管理を含んでいる。

　1つ目の資金管理については，現金の保管状況や棚卸状況，現金出納帳，預金出納帳の記録状況，残高照合手続，支払申請や仮払金記録状況，領収書（中文：発票）の管理状況，資金繰り表の作成状況等について，あるべき業務内容とチェック項目を示している。これらはどの中国現地法人においても共通で必要となる項目である。

　2つ目の購買・在庫管理については，購買承認手続の運用状況，合い見積りの入手状況，仕入先からの領収書（中文：発票）の入手状況，仕入／買掛金計上手続，不良品等の返品処理，入出庫記録状況，棚卸手続き，棚卸差異分析，滞留原材料の管理状況，滞留買掛金の管理状況，仕入債務にかかる取引先との残高照合の状況等について，あるべき業務内容とチェック項目を示している。

　3つ目の労務費管理については，労務費の把握集計状況，労務費の期間帰属，個人所得税及び社会保険料の計上・納付状況，賞与引当金の計上状況，労務日報の収集状況等について，あるべき業務内容とチェック項目を示している。

　4つ目の販売管理については，与信管理の状況，販売価格の設定状況，製品出荷事実の会計記録の整合性，返品の受入状況，クレームの処理状況，領収書（中文：発票）の発行状況等について，あるべき業務内容とチェック項目を示している。

5つ目の原価計算については，原材料等にかかる継続記録法の適用状況，原材料払出単価の計算状況，製品種類別原材料費集計表の作成状況，労務費配賦基準の設定状況，製造経費の集計状況，製造経費の期間帰属，製造経費配賦基準の設定状況，原価計算表の作成状況，原価計算表の作成時期，異常原価の分析状況，不良品原価の算定状況，原価差額の処理状況，仕掛品・完成品の棚卸状況等について，あるべき業務内容とチェック項目を示している。

6つ目の固定資産管理については，購買承認手続の運用状況，固定資産取得と固定資産台帳の整合性，資本的支出と収益的支出の区分状況，固定資産の移動記録状況，固定資産の識別ラベルの添付状況，固定資産の棚卸の実施状況，減価償却の実施状況，固定資産除売却に関する管理状況，建設仮勘定の管理状況等について，あるべき業務内容とチェック項目を示している。

7つ目に，決算報告プロセスとして，財務会計規程の整備と運用状況，会計部門内の職務分掌規程の整備と運用，決算日程表の整備と運用状況，会計システムのパスワード管理，決算整理仕訳一覧表の整備・運用状況，財務諸表の承認状況等について，あるべき業務内容とチェック項目を示している。

最後に，IT全般管理として，ITシステム導入にかかる中長期計画の有無，ITシステム運用にかかる業務フローの構築，システム導入時の機能要求表の作成状況，データ移行の管理状況，アクセス権限の管理状況等について，あるべき業務内容とチェック項目を示している。

第Ⅲ章　チェックリストの範囲

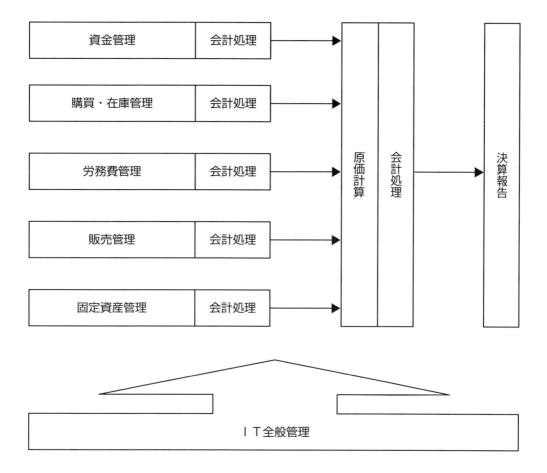

第Ⅳ章 チェックリストの詳細

以下，各チェック項目の内容，チェックの趣旨，よくある問題点について説明する。

1 資金管理

1－1 現金の保管場所

チェック手続内容	問題有	問題無	該当なし
現金は通常，鍵のついた金庫に保管され，誰でも触れることができないようになっているかを現場視察により確かめる。			

【チェックの趣旨】

　現金現物管理においては，違算や横領，盗難が生じないよう厳重に管理しなければならないことは，中国においても日本においても常識である。

　現金の横領や盗難が生じた場合，一義的には横領者，盗難者が責められるべきであるが，横領や盗難が発生する環境を放置している管理者側にも責任があるといえる。

【よくある問題点】

　出張旅費の精算や文房具購入代金等の小口支払の頻度が多い場合に，支払手続を簡便にするため，出納担当者の机の上に鍵の掛かっていない金庫を放置する，また出納担当者個人の引出しに現金現物を一時的に保管する等の実務も見られる。

【改善事例】

　出納担当者に現金管理の重要性を説明し，出納の手間がかかっても現金現物は鍵のついた金庫に保管することを徹底する必要がある。また，緊急性のある現金出金（急な出張のための仮払金支払等）がない限り，現金支払申請手続は原則として，例えば，

火曜日と木曜日の週2回に集中させるよう,各部門担当者に依頼し,現金取扱頻度を減らすといった対策も考えられる。

これら手続を資金管理規程等に定め,社内関係者に周知させる。

1－2　金庫の鍵の保管状況

チェック手続内容	問題有	問題無	該当なし
金庫の鍵は総経理等一定の職位以上の者により保管され，誰でも触れることができないようになっているかをヒアリングにより確かめる。			

【チェックの趣旨】

　現金現物は手提げ金庫に保管されているケースが多いが，金庫の鍵を誰でも触れることができるようであれば，金庫に保管している意味がない。鍵を保管する責任者が特定されており，また実際の運用上も特定者に鍵が保管されている必要がある。

　中国においても日本においても，鍵を誰でも触れることができる場所に保管している事例はほとんどないが，下記のような問題点はよく見られる。

【よくある問題点】

　金庫の鍵の保管が，1人の出納担当者のみに任されている。これも現金出納手続きの便宜を図るため，信用できる（とみなされている）出納担当者に現金現物管理の責任を一任していることによるが，これでは現金課不足や違算があった場合に，出納担当者のみに対して過大な責任を追及することになる。

【改善事例】

　現金出納手続が必要な営業日において，昼間は手提げ金庫に現金を保管し，出納担当者に保管させるが，退社時には上席者が金庫内の現金残高を確認した上，会社の大金庫内に手提げ金庫を保管する。大金庫の鍵は財務部長以上の職責者が保管することが望ましい。

　これら手続を資金管理規程等に定め，社内関係者に周知させる。

1－3　空白小切手・振込依頼書の保管状況

チェック手続内容	問題有	問題無	該当なし
空白小切手及び銀行への振込依頼書は金庫等に保管され，誰でも触れることができないようになっているかを現場視察により確かめる。			

【チェックの趣旨】

　小切手用紙や銀行振込用紙は，現金と同様，預金を横領されるリスクや盗難により利用されるリスクがある。そのため，現金と同様の厳密な管理が必要である。

【よくある問題点】

　中国においては，小切手用紙及び銀行振込用紙には，あらかじめ銀行に登録した財務専用印と法定代表者印の両印鑑を押印しなければ効力を発生しない。そのため，押印を行っていない小切手用紙等は単に出納担当者個人の引出しに保管されている等，厳重な管理としなくても担当者に問題であるという意識がない。

【改善事例】

　確かに，小切手等に押印する財務専用印と法定代表者印の管理を厳重に行っていれば，小切手用紙単独の流用による預金の横領は行い得ない。しかしながら，小切手用紙も金庫に保管し，併せて印鑑の管理も行うことにより，預金横領のリスクをより低減することができる。この旨を資金管理規程等に定め，出納担当者に説明し理解してもらう。

1－4　現金の保管限度額

チェック手続内容	問題有	問題無	該当なし
現金出納帳の閲覧及びヒアリングにより，現金の保管限度額が定められ，遵守されているかを確かめる。また，現金取引額と比較して現金保管限度額が過大となっていないかを確かめる。			

【チェックの趣旨】

　会社内部に不要に多額の現金を保管することは，盗難や横領のリスクをいたずらに増加させる行為である。適切な現金保管限度額が定められ，かつ遵守されているかをチェックする趣旨である。

【よくある問題点】

　取引額に比して過大な現金残高を会社の金庫内に保管している。その理由として，中国の都市部では銀行窓口で長時間並ぶ必要があり，少額の現金保管額では，銀行預金引出しのために銀行窓口に並ぶ頻度と時間の無駄が生じるためと出納担当者は主張する。

【改善事例】

　確かに，中国都市部の銀行窓口では1時間から2時間（場合によってはそれ以上）並ぶことが通常であり，出納担当者にとって無駄な時間と認識されているようである。また，多くの中国現地法人では，人民元のみならず日本円やUSドルの現金も保有されているケースもあり，これらの残高限度額管理を行うことには一定の業務負荷がかかる。

　しかしながら，過大な現金を会社に保管していると，上述のとおり盗難や横領のリスクも増加する。そのため，盗難リスクの低減と出納事務手続の便宜を勘案して，会社のルールとして現金保管限度額を設定する。

　現金保管限度額の目安としては，平均的な1カ月間の現金出金額合計額の4分の1，すなわち，週1回銀行にて出金手続を行うことを想定することが，リスクと労力の兼ね合いから望ましいと思われる。

　また，中国現地法人においても，従業員の出張旅費精算等に際しては会社のインターネット・バンキングを利用して従業員個人の給与振込口座に振り込むこととし，キャッシュレス化を図っている事例もある。

1-5　現金の棚卸状況

チェック手続内容	問題有	問題無	該当なし
日々の現金残高は適切な頻度で棚卸がなされ，棚卸を行った記録（現金棚卸表）及び現金出納帳と照合した旨のサイン，上席者による確認サインが残されているかを確かめる。			

【チェックの趣旨】

　日々の現金入出金取引内容（日付，入出金理由，受払者，金額）は現金出納帳に記載されるが，その日々の残高を現金現物と照合し，記録の正確性検証及びあるべき現金残高の照合を行う必要がある。また，現金棚卸表には出納担当者の作成サインのみならず上席者による確認サインを記載することとし，現金残高にかかる牽制手続が行われた証跡を残す必要がある。

【よくある問題点1】

　現金入出金取引と現金残高照合は出納担当者1人に任されている。出納担当者は定期的（毎月末等）に現金残高と帳簿残高を照合しているが，現金棚卸表のような金種別の残高カウント記録は資料で残していない。また現金棚卸表を作成している場合でも，出納担当者の作成サインと上席者による確認サインが記載されていない。

　そのため，現金の違算があった場合に，その原因をタイムリーに調査できない。

【改善事例1】

　現金棚卸表は，少なくとも現金入出金が発生した日毎に作成する旨規程化し，出納担当者に説明の上理解してもらう。また，現金棚卸表は必ず上席者が確認し，現金帳簿残高と現金棚卸表及び現金現物残高の一致を確保することを会社のルールとして整備・運用する。

【参考1：現金棚卸表の例】

库 存 现 金 盘 点 表

币种(通貨)：　　　　　　　　　　　　　　盘点日期：　　年　月　日

现金清点情况			b	
面额	张数	金额	项目	金额
100元			盘点日 现金日记账余额	
50元			加：收入未入帐	
20元				
10元				
5元				
2元				
1元			减：付出未入帐	
5角				
2角				
1角				
5分				
2分				
1分				
合计　A			调整后现金余额 B	
			差额（A-B）	
处理意见：				

财务经理：　　　　　　　　　　　　　　　出纳员：

【よくある問題点2】

　出納担当者はエクセルで作成した現金出納帳残高と現金現物を照合し，日々の残高照合を行っている。しかしながら，現金出納帳と会計システム上の現金残高は照合しておらず，差異が生じたまま放置している。出納担当者にその理由を質問したところ，出納担当者が就職する前に発生した差異であり，差異内容については把握してない。

【改善事例2】
　会計システム上の現金残高とエクセル管理表の残高は一致することが原則であり，一致しない場合はその理由を現金棚卸表に記載することとする。
　また，現金入出金取引にかかる会計仕訳を日々会計システムに入力することにより，会計システム残高と現金現物残高を一致させ，エクセルによる現金出納帳を廃止することも考えられる。

1−6　現金出納帳の記録状況

チェック手続内容	問題有	問題無	該当なし
現金出納帳は現金入出金の都度適時に記帳されているかを，現金出納帳の閲覧及びヒアリングにより確かめる。			

【チェックの趣旨】

　現金出納帳（会計システムを含む）の入出金記録及び残高は，会社の現金が出納担当者に適切に管理されていることを立証する資料であるため，常に現金現物の入出金額と残高と一致しなければならない。そのためには，現金入出金取引が生じた都度，会計仕訳を起票し，現金出納帳への記帳及び会計システムへの入力を行う必要がある。

【よくある問題点】

　出納担当者は，現金入出金にかかる出張旅費精算申請書や費用支払承認書等，支払額の証憑は日々収集しているが，これらに伴う会計仕訳の起票や現金出納帳への記録作業は月末にまとめて行っている。出納担当者にヒアリングしたところ，記帳作業を月末にまとめて行うことにより，作業の効率性を高めているとのことであった。

【改善事例】

　上記チェックの趣旨を出納担当者に理解してもらい，現金出納帳への記録は，現金入出金取引があった都度実施する。また，現金出納帳及び会計システムの現金残高は，上記現金棚卸表に記録した日々の現金残高と照合するよう会社のルールを整備し周知させる。

1－7　預金出納帳の記録状況

チェック手続内容	問題有	問題無	該当なし
預金出納帳（用友の場合は預金日記帳）は原則として，預金入出金の都度適時に記入さているかを預金出納帳の閲覧及びヒアリングにより確かめる。			

【チェックの趣旨】

　現金預金残高は会社経営上重要な数値である。そのため，日々いくら残高があるかについては，自社の帳簿上でいつでも把握できる必要がある。そのためには，現金のみならず預金についても入出金取引の都度，会計仕訳を起票し，預金出納帳への記帳及び会計システムへの入力を行う必要がある。

【よくある問題点】

　出納担当者は，預金入出金にかかる銀行証憑や費用支払承認書等，支払額の証憑は日々収集しているが，これらに伴う会計仕訳の起票や預金出納帳への記録作業は月末にまとめて行っている（上述の現金出納帳の問題点と同様）。出納担当者にヒアリングしたところ，記帳作業を月末にまとめて行うことにより，作業の効率性を高めているとのことであった。

　また，水道光熱費については銀行口座から自動引落しされるため，月末に銀行から入手する取引報告書（中文：対帳単）を入手した段階で取引と記帳できるものであって，取引発生日の記帳は難しいとのことであった。

【改善事例】

　確かに水道光熱費等については会社の銀行口座から自動引落としされる取引もある。しかしながら，その他の取引日と金額が判明する預金入出金取引については，上記チェックの趣旨を出納担当者に理解してもらい，会計仕訳の起票及び預金出納帳への記録は，預金入出金取引があった都度実施するよう，会社のルールを整備し，関係者に周知させる。

1－8　預金残高確認書との照合状況

チェック手続内容	問題有	問題無	該当なし
預金出納帳は毎月銀行発行の残高確認書（中文：対帳単）と照合され，差異が生じている場合は差異内容を分析した資料（銀行勘定調整表）が作成され，上席者による承認サインが記載されていることを確認する。			

【チェックの趣旨】

　会社帳簿上の預金残高が，実際に銀行の預金残高と一致しているかを確認することは，会社財産の確保のみならず，会社の資金繰りにとっても重要な手続である。小切手を発行し会社帳簿上では銀行残高減少させたが，取引先が銀行に未だ取立依頼を行っていないため，銀行預金残高が未だ減少していない場合等に，会社等簿残高と銀行預金残高に差異が生じる。その場合は，銀行勘定調整表（中文：銀行存款余額調整表）に差異理由を記載し，上席者の承認サインを記載する。これにより，預金の会社帳簿残高の適正性を立証することができる。

【よくある問題点】

　預金出納業務を1人の出納担当者に任せている。出納担当者は，毎月末に銀行から残高確認書を入手し，会社帳簿残高と照合している。差異が生じた場合は，銀行勘定調整表にその理由，金額を記録しているが，上席者がモニターした証跡，サインは記載されていない。

【改善事例】

　中国においても会社の預金残高の重要性は認識されており，残高確認書との照合手続きや銀行残高調整表作成の必要性は広く認識されている。しかしながら，日系企業においては，これらの管理を出納担当者に一任し十分なモニターを行っていないケースも多い。

　改善方案として，会社の預金残高一覧表と銀行発行の残高確認書との照合証跡及び，差異が生じた場合の銀行勘定調整表の記載内容及びその証憑（小切手の半券等）を上席者がモニターし，承認サインを記載するよう会社のルールを整備し，関係者に周知させる。

1-9 支払申請の運用状況

チェック手続内容	問題有	問題無	該当なし
現金・預金の支払に際しては，起案部門が作成した支払申請書が作成されており，上席者の承認が得られた上で支払がなされていることを確かめる。			

【チェックの趣旨】

現金・預金の支払に際しての牽制状況を確認する趣旨である。

【よくある問題点】

担当者単独の判断により現金預金の支払を行っている事例はほとんどない。支払にかかる承認手続については，どの中国現地法人においても重視されている。

よくある問題点としては，全ての支払承認が日本人駐在員である総経理に集中しているケースがある。もちろん金額的に重要な支払については総経理による承認が必要であるが，出張旅費の精算等少額の支払承認手続については，総経理への業務負荷集中を回避するため，部門長等下位者に承認権限を委譲することも考えられる。また，契約書や支払先からの請求書が中国語である場合に，日本人駐在員ではその内容を十分に理解せずに形式的な承認サインを記載している場合もある。このような場合は，日本人駐在員へ承認権限を集中させるのではなく，中国人管理職への承認権限委譲が有効である。

【改善事例】

決裁権限規程を整備し，各職位や金額に応じた決裁権限を設定する。決裁権限規程は従業員に周知し，これを逸脱する支払承認は無効である旨を明確にする。

なお，少額・個別の決裁権限を下位職者に委ねる場合でも，総経理は月次の決算データを参照することにより，費用項目の増減状況やその理由の把握に努める必要がある。

1－10　インターネットバンキングの牽制状況

チェック手続内容	問題有	問題無	該当なし
インターネットバンキングシステムの送金オペレーションに際しては入力者と承認者の牽制手続がなされていることを，ヒアリングと現場視察により確かめる。			

【チェックの趣旨】

　インターネットバンキングシステムは取引銀行から提供されるが，いずれのシステムも入力担当者権限と承認者権限を分化する機能となっている。運用上も両者の権限の分化がなされており，牽制手続のもとで送金オペレーションがなされていることを確かめる趣旨である。

　一般的なインターネットバンキングシステムの機能を説明する。入力担当者には入力用のID，パスワードが付与され，これを知る者がインターネットバンキングに振込データを入力することができる。入力するのみでは銀行にデータを送信することはできない。別途承認者の承認入力オペレーションが必要になる。承認入力オペレーションに際しては，承認者のID，パスワードに加え，USBセキュリティートークンによるワンタイム・パスワードが必要になる。これらをインターネットバンキングシステム画面に入力することにより，承認オペレーションが可能になる。

【よくある問題点】

　2人による牽制手続の手間を避けるため，1人の担当者が入力権限と承認権限を有している。そのため，上席者による承認がなくても銀行に振込データを送信し得る。銀行預金の横領のリスクが高まる。

【改善事例】

　運用上も入力担当者と承認担当者を分ける。特にUSBセキュリティートークンは常時承認者の鍵付きの引出し等保管庫に保管し，承認権限者以外には利用させない。

　また，インターネットバンキングシステムの種類によっては，緊急時に備えてオールマイティ権限機能（すなわち，入力と承認を一つのID，パスワードで実行できる機能）が設定されているものがある。この機能は通常利用することはないため，日本親会社で保管・管理することも考えられる。

　中国現地法人のインターネットバンキングシステムにどのような機能があるかについて，銀行が提供するインターネットバンキング利用約款やID利用者登録票を参照

しておく必要がある。

1-11　インターネットバンキングの振込先マスタ登録牽制状況

チェック手続内容	問題有	問題無	該当なし
インターネットバンキングシステムの振込先マスタ登録オペレーションに際しては入力者と承認者の牽制手続がなされていることを，資料閲覧とヒアリングにより確かめる。			

【チェックの趣旨】

　中国のインターネットバンキングシステムにも，当初に振込先マスタ（振込企業先名称，口座番号，仕入先管理番号）を登録することにより，その後の都度の送金を選択入力で行い得る機能がある。便利ではあるが，当初のマスタ入力を誤ると，その後の全ての振込オペレーションも誤るリスクがある。

　また，担当者の独断でマスタ入力を行い得るのであれば，正規の取引先ではない恣意的な取引先をマスタ登録し銀行預金の横領にも利用し得る。

　対策として，振込先マスタ登録に際して入力と確認／承認の牽制手続が行われているかどうかを確かめる趣旨である。

【よくある問題点】

　上記1-10の個々の送金オペレーションに際しては入力者と承認者権限が分化されているものの，振込先マスタ登録オペレーションは担当者1人で実施されていることがある。

　振込件数が数百件になる場合，承認権限者（例：総経理）が承認オペレーションを行うルールとなっていたとしても，全ての案件について仕入先名称，銀行口座番号の正確性，金額の正確性を承認権限者が1人で確認することは時間的にも労力的にも困難である。その状況を突いて，恣意的な振込先をマスタ登録し預金を横領されるリスクもある。

【改善事例】

　振込先マスタの登録にあたっては，登録者と承認者の2人によるオペレーションを必須とする。

　また，インターネットバンキングシステムの振込先マスタデータは，購買管理システムやワークフロー（承認）システム上の取引先データから連動するものとし，インターネットバンキングシステムに直接振込み先データを入力できない機能とすること

も銀行によっては可能である。インターネットバンキングシステムを提供した銀行とも協議されたい。

1-12　インターネットバンキングの送金限度額

チェック手続内容	問題有	問題無	該当なし
インターネットバンキングシステムに1回当たり，又は1日当たりの送金限度額が設定されていることを資料閲覧及びヒアリングにより確かめる。			

【チェックの趣旨】

　中国のインターネットバンキングシステムにも，1回当たり，又は1日当たりの送金限度額を設定することができる。

　送金限度額を設定しないこともできる。これでは，意図的な不正により銀行預金を引き出される場合，損害額が甚大になるリスクがある。

【よくある問題点】

　送金限度額が設定されていない。インターネットバンキングシステムに送金限度額を設定する方法を財務担当者は知らない。

【改善事例】

　送金限度額の設定は，多くの場合インターネットバンキングシステムを提供する銀行に依頼する必要がある。

　送金限度額が設定されている場合，銀行が提供するインターネットバンキング利用約款に記載されているため，確認されたい。

1-13 不要な銀行口座の有無

チェック手続内容	問題有	問題無	該当なし
会社が保有する銀行口座のうち，長期間利用されておらず放置されている口座がないかを，資料閲覧及びヒアリングにより確かめる。			

【チェックの趣旨】

　企業取引に銀行口座は欠かせないものであるが，その管理（銀行ステイトメントと会計帳簿の照合，残高確認，銀行届出印管理等）には相応の注意と作業量を要する。

　いたずらに多数の銀行口座を保有し，また長期間利用していない銀行口座を保有していると，銀行残高が生じているにもかかわらず会計帳簿との照合等管理がなされないリスクが生じる。ひいては意図的な横領不正に利用されることもある。

【よくある問題点】

　当初は特定顧客からの売上入金のための銀行口座や特定種類経費の支払のための銀行口座として開設したが，その後財務担当者の交代により意義が失われ利用されないままとなっている銀行口座がある。

　利用していないにもかかわらず会計帳簿上に一定額の残高が常に存在しているが，「前月末残高と同じ」という理由で毎月末の銀行残高との照合手続は長期間行われていない。

　また，帳簿残高がゼロの銀行口座について，顧客への請求書に当該ゼロ残高口座番号を記載し，顧客に代金を振り込ませる。振り込まれた資金は小切手等で引き出すが，会計帳簿には記帳しない（つまり会計帳簿残高は常にゼロのままである）。本来適時に銀行取引明細・ステイトメントを取り寄せ帳簿取引額，残高と照合すべきであるが，「残高がゼロであるから」という理由で長期間照合手続は行われていない。

【改善事例】

　長期間利用しておらず将来も利用見込みがない銀行口座は閉鎖する。

　閉鎖しない理由として，「顧客の要望でこの口座を利用することも将来あり得るので」という説明を受けることがある。しかしながら，具体的に「○○銀行の口座を利用したい」という見込み顧客が現れてから銀行口座（一般口座）を再度開設することもできる。具体的な使い道が現れるまでは閉鎖すべきである。

1－14　仮払金に係る会計伝票の起票状況

チェック手続内容	問題有	問題無	該当なし
出張旅費等に係る仮払金について，仮払い時及び精算時それぞれの取引に対応する会計伝票が起票されていることを，資料閲覧及びヒアリングにより確かめる。			

【チェックの趣旨】

　出張旅費や物品の購買に際して，事前に従業員に対して現金の仮払いを行うことがある。仮払い時及び精算時において，それぞれの取引に対応する会計処理が行われているかどうかを確認する趣旨である。

【よくある問題点】

　現金仮払い時において，会計伝票を起票しない。会計帳簿上は現金勘定のままとなっており，いわゆる「メモ出金」の形式となっている。出張者が帰任してから領収書や発票の提出を受けた時に，現金勘定から旅費交通費勘定に振り替える会計伝票を起票している。

　会計担当者にヒアリングすると，仮払い時に現金勘定から仮払金勘定に振り替えても損益には関係なく，また精算時に現金勘定から旅費交通費勘定に振り替えるのみの会計処理の方が効率的であるという。

【改善事例】

　上述の方法では会計帳簿上において現金勘定残高が実態を示さず，また未精算となっている仮払金残高がいくらあるのかが会計帳簿上不明確となる。今後は，仮払い時に一旦現金勘定から仮払金勘定に振り替え，精算時に旅費交通費等費用勘定に振り替える会計処理を行うよう，会計担当者に説明及び説得する。

1−15 仮払現金の記録状況

チェック手続内容	問題有	問題無	該当なし
出張旅費等の現金仮払いを行う際は，適切な記録簿に記録され，精算消込み管理及び精算遅延に対する督促がなされていることを資料閲覧及びヒアリングにより確かめる。			

【チェックの趣旨】

　現金仮払いとその後の精算は常に一対一でなされていることを会社の帳簿記録の上で明確にすることによって，仮払名目で現金預金の流用がなされるリスクを防止する必要がある。

【よくある問題点】

　多忙な営業担当者である場合は，出張旅費仮払金の精算手続が後回しにされがちである。また，出納担当者の職位が営業担当者よりも下位である場合，精算手続の遅延に対してあるべき指導がなされずに放置されているケースも多い。また仮払金額の記録が不十分であるため，仮払いと精算の関係が不明確となっている場合はなおさらである。ここで「仮払金額の記録が不十分」とは，「仮払出金取引」と「精算取引」の関連を一対一で検証する方法が帳簿記録に基づき確立されていない場合である。

【改善事例】

　出張旅費等の仮払いに際しては，仮払申請書を起票し適切な上席者の承認を得る必要がある。また，仮払申請書はコピーを取り，原本は仮払金支払時の会計伝票に証憑として綴じ込む。コピーは仮払管理ファイルにファイルし，精算手続が行われた都度精算記録と精算者のサインを記載する。月末に長期間滞留となっている仮払金口については，その旨を営業部長等の上席者に報告し，未精算者に精算手続を督促する旨会社のルールとして整備し，関係者に周知させる。

1−16　発票の管理状況

チェック手続内容	問題有	問題無	該当なし
現金預金の支払に際しては，原則として発票の入手が必要である旨周知されているかについてヒアリングにより確かめる。			

【チェックの趣旨】

　中国の税務においては，人件費を除く費用の損金参入に際して，仕入先が発行した発票の入手が義務付けられている（発票の意義については Column 3 参照）。人件費を除く会社の全ての費用について，仕入先が発行した発票の裏付けがあること，及び発票入手の必要性が会計担当者のみならず各部門担当者に認識されていることをチェックする趣旨である。

【よくある問題点】

　費用の計上に際しての発票入手の必要性は，ほとんどの中国現地法人において認識されている。また，中国政府による税務調査に際しても発票を洩れなく入手しているかどうかは重点調査ポイントとなる。

　よくある問題点としては，中国における発票の制度を理解していない日本人出向者が，交際費等の支出に際して稟議書のみで費用の裏付けとする場合である。これに対して多くの中国人会計担当者は，日本人出向者に発票のない費用は税務上損金算入できないことを説明しているが，なかには経営層である日本人出向者に逆らえずに税務上問題のある（発票なしの損金経理）を行っている事例もある。

【改善事例】

　財務会計規程（日本語でいう経理規程）を策定し，人件費を除く費用の支払に際しては，発票の入手が必要である旨を明記する。また，日本人出向者には外部の会計・税務コンサルティング会社から適宜に意見を入手し，中国の会計・税務にかかる知識の習得を行うことが望まれる。

1−17　借入金台帳の記録状況

チェック手続内容	問題有	問題無	該当なし
借入金の調達及び返済状況が適時に記録され，年に一度は借入契約書，返済予定表及び残高確認書と照合しているかどうかを確認する。			

【チェックの趣旨】

　貸借対照表上の借入金残高の適正性を確保する手続がなされていることをチェックする趣旨である。

【よくある問題点】

　当初の返済予定に基づき順調に返済している場合は特に問題が生じないが，会社の資金繰り状況によって返済が延滞する場合，どれぐらいの期間，及びいくらの金額が延滞しているのかを厳密に把握できなくなるリスクがある。

【改善事例】

　今後の銀行との返済期限の延長交渉や別途の資金調達方法（日本親会社からの増資受入を含む）の模索に際して，現在の借入金調達及び返済状況を当初の予定と比較して把握しておく必要がある。

1-18 支払利息の計上状況

チェック手続内容	問題有	問題無	該当なし
借入金支払利息については，毎月未払利息が計上されていることを確認する。			

【チェックの趣旨】

発生主義に基づき，期間に応じた支払利息が計上されていることをチェックする趣旨である。

【よくある問題点】

現金主義，すなわち銀行への利息支払時に一括して支払利息を計上している事例が多い。その背景として，中国の税務上，未払利息に対応する支払利息は契約書に基づき計算されていたとしても損金算入できない（銀行に支払った時点で損金参入できる）ため，税務上の取扱いに応じて会計上も支払時一括で支払利息を計上していることが挙げられる。

【改善事例】

金額的重要性のある支払利息については，銀行への支払時ではなく期間の経過に応じて未払利息を計上する旨を，財務会計規程に明記し会計担当者に周知させる。

また，上述のとおり未払計上された支払利息は中国の税務上損金算入できないため，年度末の税務申告書上で加算調整することにより対応できる。

1－19　預金利息の計上状況

チェック手続内容	問題有	問題無	該当なし
定期預金利息については，毎月未収利息が計上されていることを確認する。			

【チェックの趣旨】

　前項の借入金の支払利息の計上状況と同様に，預金利息についても発生主義に基づく期間に応じた受取利息が計上されていることをチェックする趣旨である。

【よくある問題点】

　現金主義，すなわち銀行からの利息入金時に一括して受取利息を計上している事例が多い。

【改善事例】

　金額的に重要性のある定期預金利息については，銀行からの入金時ではなく期間の経過に応じて未収利息を計上する旨を，財務会計規程に明記し会計担当者に周知させる。

　なお，基本口座（日本でいう普通預金口座）にかかる受取利息については，その計算が複雑であり，また金額的重要性が少ないことが通常であるため，未収利息を計上しないことが一般的である。

1－20　為替差損益の計上状況

チェック手続内容	問題有	問題無	該当なし
外貨建金銭の取引記録に適用する為替レート及び，月末換算替えに適用する為替レートが適切に把握され，為替差損益が算定されているかどうかを会計伝票の閲覧及びヒアリングにより確かめる。			

【チェックの趣旨】

　中国では月次決算が建前であるため，毎月末において直近為替レートに基づき外貨建金銭債権債務の期末（月末）為替差損益を計上する。その際，適切な為替レートが適用されているかどうかをチェックする趣旨である。

【よくある問題点】

　毎月末レートに基づく換算替えが行われていない。又は，行われていても誤った為替レート（ＴＴＳやＴＴＢ）によって換算されている。

【改善事例】

　適切な為替レート（ＴＴＭ）に基づき外貨と人民元間の換算を行う旨を財務会計規程に明記し，会計担当者に周知する。

　また，月末決算に係る決算整理仕訳一覧表を作成し，月末換算替えに係る仕訳の起票方法をマニュアル化する。また，前月までの為替差損益と比較することにより，為替レートの変動傾向と為替差損益の発生状況が整合しているかどうかを確認することが推奨される。

1-21 資金繰り表の作成状況

チェック手続内容	問題有	問題無	該当なし
現金預金の入出金について，その実績記録のみならず予算資金繰りまで作成されており，予算実績対比表による差異分析が行われていることを確認する。			

【チェックの趣旨】

　現金預金の入出金取引に際して，予算計画と対比して計上することにより，取引記録の重複や漏れがないことを確認する手続がなされているかどうかをチェックする趣旨である。

【よくある問題点】

　現金預金の入出金取引にかかる実績は会計帳簿に記録しているものの，資金繰り予算まで作成されていない事例が多い。日本人経営層（特に総経理）は個人的に資金繰り予算を作成し，日本親会社に提出していたとしても，中国人管理者には周知されておらず，また予算と実績の対比も十分になされていない場合がほとんどである。

　その結果，予算を考慮しない支払申請が各部門から経営層に提出されることとなり，特に固定資産設備の購入等多額の支払申請である場合は，その必要性の検討や収拾に経営層が事後的に苦慮する場面も生じる。

【改善事例】

　現金預金支出の予算策定に際しては，経営層，会計担当者のみならず，各部門（購買部門，生産管理部門，営業部門等）も参画する必要がある。また，予算の策定方法や策定時期について，予算管理規程等に明記し，関連部門に周知する必要がある。

　予算策定に際して，家賃や水道光熱費等，毎月概ね定額で発生する費用については定額の支出を見積もる。

　一方，生産計画に基づかない試作品原材料の購入や，人員増加に伴う人件費増加，固定資産購入については，その都度事前に厳密な予算策定を行い，各部門から適時に経営層に提出するといった，重要ポイントに絞った予算策定方法も考えられる。

1－22　担保提供資産の状況把握

チェック手続内容	問題有	問題無	該当なし
借入金の担保資産には，固定資産台帳等にその旨が記録されており，適切に保全がなされていることを確認する。			

【チェックの趣旨】

　中国では土地の私保有が法律で認められていないため，借入金にかかる担保提供資産としては，建物や固定資産設備となることがある。その場合に，担保提供資産であることを十分に認識せずに建物の取壊しや固定資産の売廃却を行うと，借入契約に抵触するリスクがある。そのため，会社として担保提供資産を適切に把握する手続が存在しているかどうかをチェックする趣旨である。

【よくある問題点】

　担保提供資産である旨が固定資産台帳に記録されておらず，無意識に固定資産の売廃却が行われるケースがある。

【改善事例】

　担保提供資産を伴う借入契約を行う際は，その旨を事前に会計担当者に伝達し，固定資産台帳上に記録，識別する旨を財務会計規程に明記する。また関連担当者に周知させる。

1-23　各管理台帳と総勘定元帳の一致

チェック手続内容	問題有	問題無	該当なし
現金出納帳，預金出納帳，仮払金記録簿，借入金台帳等の諸台帳の期末残高と，会計システムの各勘定科目残高が一致していることを毎月確認しているかについて，ヒアリングにより確認する。			

【チェックの趣旨】

　基本的に，日々の取引データに基づいて，会計上の現金預金，仮払金，借入金といった勘定科目残高が計上されているため，日々の入出金データ等を管理している現金出納帳，預金出納帳，仮払金記録簿，借入金台帳と，会計システム残高は一致するはずである。

　しかしながら，データの転記誤りや漏れを防ぐためには，月次決算に際して諸台帳と会計システム残高を事後的に照合し，データ連携の正確性を検証する必要がある。

【よくある問題点】

　会計担当者及び会計責任者は，各種台帳と会計システム残高を照合しているが，その証跡（確認サイン）を記載していない。

【改善事例】

　決算マニュアル等に，会計システム残高と照合すべき台帳の種類，照合時期，担当者を記載し，関係者に周知させる。また，照合・確認を行った担当者又は責任者は，帳票に確認した旨のサインと日付を記載することを徹底する。

＊Column 2＊

中国企業における会社印の種類

　企業において現金預金の管理と同様に重要なのが会社印の管理である。特に日系企業においては，会社印現物を金庫に保管し，日本本社と同様に社印管理簿を設け，どのような契約書に，いつ会社印を押印したのかを記録し，経営者がモニターできるようにしている事例も多い。

　ただし，中国現地法人においては会社印といっても様々な種類がある。当コラムでは，中国現地法人において通常作成される会社印の種類とその意義について説明する。

1．会社印（中文：公章）

　会社の意思を示す印鑑で，以下の項目で説明する各社印の機能を包括する，つまり万能の印鑑である。したがって，最も厳密な管理を行う必要がある。丸型の印鑑で，企業名称が印影となっている。

　また，会社印（公章）の作成にあたっては，公安局（日本で言う警察）が指定した印鑑業者で作成する必要があり，かつ公安局や工商行政管理局等の役所に印鑑登録される。増資申請等の役所へ提出する申請書類には，会社印の押印が求められる。

2．契約専用印（中文：合同専用章）

　会社が対外的に契約を締結する場合に，契約書への押印専用のために設けられた印鑑である。その由来は，中国国営企業の契約審査部門（日本でいうリーガルチェック部門）が契約専用印現物を保管し，契約書が適切な権限者の承認を経ていることや契約内容が法令等に抵触していないことを確認した上，契約審査部門長が契約書に押印する際に利用される印鑑である。

　上記1．の会社印を契約書に押印しても契約書自体は有効であるが，契約書への押印を司る部門が設定されている場合に，会社印を預けるのではなく，契約印のみを預けるという意図がある。

　印影は丸型で，企業名称と「**合同専用章**」という文字が印影となる。

3．財務専用印（中文：財務専用章）

　会社が小切手・手形を発行する場合に，小切手等現物に押印される印鑑である。一般に正方形の角印で，会社名称と「**財務専用章**」の文字が印影となっている。

　財務専用印は，実務上中国現地法人の財務部長が保管する。小切手・手形を発行する際は，財務部長が押印するとともに，次項の法定代表者印を押印することにより小切手・手形の効力が発生する。

また，財務専用印も公安局指定の印鑑業者で作成する必要があり，また取引銀行に登録される。

　上記1．の会社印を財務専用印の代替として小切手・手形に押印し，小切手等の効力を発揮させることも可能であるが，そのためには事前に銀行に対し会社印を財務専用印として利用する旨を登録する必要がある。
　なお，財務専用印を契約書や行政への申請資料に押印しても，効力はない。

4．法定代表者印（中文：法定代表人章）
　中国現地法人の法定代表者（一般的に董事長）の個人名が記載された角印である。
　当印鑑が押印された資料は法定代表者が承認した旨を表すが，実務上は，上記3．の財務専用印とともに小切手・手形現物に押印される。その趣旨は，小切手・手形が財務部長単独の承認で発行されているのではなく，会社代表者による承認・牽制もなされていることを，小切手・手形現物の上で立証するためである。
　法定代表者印も公安局指定の印鑑業者で作成する必要があり，また取引銀行に登録される。
　法定代表者印には会社名が印影となっていないため，単独で契約書等に押印しても，効力はない。

5．領収書専用印（中文：发票专用章）
　中国でも領収書は重要な書類である。一般的に楕円形で，企業名称と「**发票专用章**」という文字が印影になっている。
　領収書専用印は，実務上財務部長が保管し，領収書の発行に際して押印される。また，中国の領収書（発票）は増値税や営業税の徴税管理に直結しているため，事前に税務局への登録が必要となる。また，領収書専用印の大きさや印影規格については税務局からの通達で細かく定められている。
　もちろん，領収書専用印を契約書や小切手に押印しても，その効力はない。

6．そ の 他
　会社によっては，資材検収専用印（仕入先の要請により検収証明書に押印する専用の社印）や，労働契約専用印（従業員との契約書に押印する社印），工場完成品の検査完了印等を設けている事例もある。これら印鑑の設定は任意である。これらの社印も，それぞれ押印する権限者に保管させ，権限の移譲を明確にする意味がある。

　いずれの社印であっても，適切な保管者により保管され，適切な用途に利用される必要がある。一度，中国現地法人においてどのような社印があり，誰がどのように保管し管理しているかについて棚卸を行うことも重要と思われる。

2 購買・在庫管理

2－1　仕入先の信用調査

チェック手続内容	問題有	問題無	該当なし
新規の仕入先と取引を開始する前に，仕入先の信用度を調査の上経営層の承認を得ていることを確かめる。			

【チェックの趣旨】

　新規の仕入先と取引を開始する前に，営業許可証の有無，社歴，従業員数，資本関係，売上規模等について調査を行い，仕入先の信用度，安定した供給を行い得るかどうかを調査していることを確かめる趣旨である。

【よくある問題点】

　新規仕入先の調査を行っていない。取引を行っているということは必ず当該仕入先の選定を行った者がいるはずであるが，誰が行い，誰が承認したかについて書面記録が残されていない。

　特に，購買担当者が仕入先からキックバックを得ているような場合は，公正な調査や合い見積りを行わずに仕入先が選定される傾向がある。ひいては，恣意的に親戚等縁故者の企業を正規の仕入先との間に介在させ，中間マージンを不当に得るという不正も行い得る。

【改善事例】

　新規の仕入先と取引を開始する前に，仕入先を調査し新規仕入先調査表のような書面に記録する。当該調査票に上席者や支払承認権限者の承認サインを記載することによって，上記不正リスクに対する牽制となる。

　また，自社製品を生産するための原材料の品質は，一定かつ供給が途切れてはならない。そのため，書面のみならず経営層が仕入先に訪問して経営層と面談したり経営活動状況を視察することも有効である。

　中間マージン詐取を目的として縁故者企業を仕入先との間に介在させる場合，一般的に当該縁故者企業には営業所の実態がない，又は社歴が極端に浅いケースが多い。中間マージンを詐取する目的のみのために設立されているからである。

　さらに，仕入先調査は新規取引開始前のみならず年1度等定期的に行うことにより，

仕入先の信用度の変化を把握することができる。

2−2　仕入先マスタの設定状況

チェック手続内容	問題有	問題無	該当なし
購買管理に係るITシステムを導入している場合，仕入先マスタ・データの入力時にプルーフリストのアウトプット等により入力データの正確性を確認していることについて，資料閲覧及びヒアリングにより確かめる。			

【チェックの趣旨】

　購買管理システムに登録する仕入先マスタは経営層が承認した仕入先情報によって登録されており，かつマスタ入力者以外の第三者による確認オペレーションがなされていることを確かめる趣旨である。

【よくある問題点】

　前述の2−1で新規仕入先の信用度が調査され，新規仕入先調査票が経営層により承認されていたとしても，購買管理システムに登録する仕入先は別の仕入先，又は調査と承認がなされていない仕入先が恣意的に登録されることがある。その仕入先は往々にして，キックバックや中間マージン詐取を目的として正規の仕入先と会社との間に介在させる縁故企業である。

　このケースの仕入先マスタ登録オペレーションをみると，購買担当者が単独で購買管理システムに登録している。上席者やIT担当者等の第三者による確認は行われていない。

【改善事例】

　もっとも厳密な方法は，前述2−1の経営層の承認サインが記載された新規仕入先調査票に基づき，IT部門（つまり購買部門とは異なる部門）の担当者が仕入先マスタを登録するルールを策定することである。

　しかしながら，中国現地法人の場合独立したIT部門が設けられていないことも多い。どうしても購買部門担当者が登録する場合は，財務会計部門責任者が支払申請受付段階で仕入先マスタと新規仕入先調査票を照合し正しく入力されているかどうかを確認することも考えられる。

　また，登録マスタの承認方法については，マスタ登録画面を紙にアウトプット（プルーフリスト）して承認サインを記載する方法が考えられる。ITシステムの種類によってはマスタ入力後に上席者が画面上で承認オペレーションを行うことができるも

のもある。

2-3　購買承認の運用状況

チェック手続内容	問題有	問題無	該当なし
購買申請書上に，必ず購買申請者と購買承認者の両者のサインが記載され，牽制がなされているかをサンプリングにより確かめる。			

【チェックの趣旨】

　原材料等物品の購買に際して，各担当者が上席者の承認を経ずに発注を行うと，不要な物品を購入してしまうリスクがある。

【よくある問題点】

　この点に関しては，ほとんどの中国現地法人において購買承認の必要性が認識されており，承認がないまま発注がなされるケースはほとんどない。

　ただし，少ないケースではあるが，技術開発研究者やデザイナー等特殊な部門が必要とする原材料の発注については，上席者もその必要性を十分に理解できないまま承認を行っているケースもある。

【改善事例】

　購買申請書上に，購買申請者と購買承認者の両者のサインが記載されていない場合は，発注にかかる牽制の必要性を担当者に説明し，全ての購買申請書にサイン記載を徹底させる必要がある。当該手続は，購買管理規程等に明記し関連担当者に周知させる。

　また，承認者として物品の必要性を判断できる能力と責任意識を有する人材を設置する。

2−4 合い見積りの入手状況

チェック手続内容	問題有	問題無	該当なし
購買先選定に際しては、原則として合い見積りを入手しているかについて、ヒアリングにより確かめる。			

【チェックの趣旨】
　複数仕入先から合い見積りを入手せず、安易な発注を行うことにより必要以上にコスト高となってしまうことを防止する。
　また、購買担当者の縁故の仕入先への発注やリベートの個人的収受といった不正を防止する。

【よくある問題点１】
　全ての発注に際して、必ずしも合い見積りを入手するわけではない。例えば、日本親会社や関連会社から購買する場合、得意先が仕入先を指定する場合、特定の仕入先からしか当該物品を購入できない場合、年間基本契約が締結されており、合い見積り等の検討が基本契約締結時になされている場合は、都度の合い見積り入手は不要である。
　しかしながら、上記の例示以外の場合、例えば新規調達の原材料購買に際しては、できるだけ合い見積りを入手し、コスト削減を行う意識を購買部門担当者が有しているかが論点となる。そのため、合い見積り入手手続の内容、頻度について購買担当者にヒアリングすることが有効である。
　また、実際に、仕入先が購買担当者の縁故者（親戚等）になっている場合もある。真の仕入先と自社の間に縁故者企業を介することにより、不当にマージンを得ている事例もある。さらに、購買責任者が個人的に懇意としている仕入先を選定することによって、不当なキックバックを得ている事例もある。これらの不正を防止するためにも、合い見積りの入手状況をチェックする必要がある。

【よくある問題点２】
　合い見積りを入手する範囲や手続が規程化しておらず、購買担当者や購買責任者の個人的判断によって、発注手続を行っている。

【改善事例】
　合い見積りを入手する範囲、仕入先選定検討資料フォーマット及び決裁権限者を規

程化し，購買に関連する担当者に周知徹底する。

2－5　発注数量単位と現物カウント単位の一致状況

チェック手続内容	問題有	問題無	該当なし
購買部門が仕入先に送付する発注書上の原材料数量単位と，検収入庫及び棚卸手続において原材料現物をカウントする数量単位が一致していることを確認する。			

【チェックの趣旨】

　　購買発注部門が認識している原材料数量単位と，倉庫部門や製造部門が認識する原材料数量単位が一致していなければ，会社全体としての原材料入出庫量や棚卸数量の把握ができない。両者が一致していることをチェックする趣旨である。

【よくある問題点】

　　購買発注部門としては，仕入先と交渉の上，発注書に原材料品目，数量，単位，単価（金額），納期等を記入の上仕入先に送付する。この際，仕入先が提示する数量単位や単価に引きずられ，後に倉庫部門が検収入庫や棚卸手続に際して利用する原材料数量単位とは異なる数量単位を利用することがある。

　　例えば，銅棒材やアルミ棒材については，キログラム当たりの時価があるため，仕入先との交渉に際しても「現在，銅1kg当たり仕入値はいくらか？」に棒材への加工費を上乗せした値決めとなる。このため，購買部門は仕入先に提示する発注書上に，例えば「別紙図面に基づく銅棒材を1トン分，金額○○人民元」という記載を行う。

　　一方の倉庫部門は，銅棒材をトン単位の重さでカウントすることはない。大抵の場合，本数でカウントする。分割納品されることもある。この場合，倉庫部門が実施する検収入庫手続において，発注数量と検収入庫数量を照合することが困難になる。検収入庫手続に際して発注データを参照しない背景ともなる。

　　また，原材料検収入庫数量は本数でカウントしており，出庫数量も本数カウント，棚卸数量も本数でカウントした場合，それぞれの数量に乗じる単価はいくらかが不明になる。購買部門に問い合わせると，「1トン当たり○○人民元」という回答が返ってくる。「1トン＝300本」という数量換算定義ができれば1本当たり単価を算出することができるが，原材料種類や規格が多い場合は，数量換算定義を行う（1本当たりの重さを測る）ことや換算計算に手間がかかる。ひいては原価計算も煩雑になる。

【改善事例】

　　購買部門が倉庫部門や製造部門の現物カウント手続を考慮せずに，仕入先に発注書

を提示することが原因である。

　購買部門と倉庫部門，製造部門が協議し，各原材料品目の数量単位の認識を統一する必要がある。その上で，購買部門及び経営層は仕入先に対し，自社の実状に応じた原材料発注数量単位とすることを通知し了承を得る。

　その結果，発注単価交渉段階から「1本当たりいくらか？」という交渉を行い，発注書記載の原材料数量単位と現物カウント単位が一致することが望ましい。

2−6　発注データと入庫データの照合状況

チェック手続内容	問題有	問題無	該当なし
原材料等の入庫検収時に，事前の発注データと照合することによって，当社が発注した品物が仕入先より入荷していることを確かめる手続があるかどうかを資料閲覧及びヒアリングにより確認する。			

【チェックの趣旨】

　中国では，仕入先によっては発注数量よりも多めに納品して来たり，品違いの原材料等を納品してくることもある。入庫検収担当者（倉庫担当者であることが多い）は，自社の購買部門が発注した内容を把握し，そのデータと納品物を照合した上で，入庫検収手続を行う必要がある。そのコントロール手続がなされているかどうかをチェックする趣旨である。

【よくある問題点】

　倉庫担当者は購買部門担当者が発注した内容を把握せず，入庫検収手続を行っている。その結果，品違い品であっても納品書と原材料等現物が一致していれば入庫処理を行う。また仕入先から多めに納品された場合でも気付くことなく入庫処理を行い，結果として購買発注承認を得た発注金額よりも多額の買掛金を仕入先に支払う。財務部門としては，自社の入庫データと仕入先からの請求書記載内容が一致していれば支払手続を行い，多めに仕入代金を支払っていることに問題意識を持っていない。

【改善事例】

　購買部門が仕入先に提出した発注データは，適時に入庫検収担当者に伝達し，入庫検収担当者は検収手続にあたって発注データを参照する必要がある。

　実務上は，仕入先から分割納品がなされることにより，必ずしも発注書上の数量と各回の納品数量が一致しないことも多い。発注頻度及び納品頻度が多い場合は，必要に応じて購買・在庫管理システムを導入する必要がある。これにより，入庫検収担当者は発注データをリアルタイムで参照することが可能となり，また分割納品の場合であっても発注残の消込管理が可能となる。

2−7　入庫検収記録の作成状況

チェック手続内容	問題有	問題無	該当なし
原材料等の入庫検収手続にあたって，入庫検収作業記録書が作成され，確認者のサインが記載されていることを，資料閲覧及びヒアリングにより確かめる。			

【チェックの趣旨】

　仕入先から納品された原材料に欠陥があると，生産活動や製品の品質に悪影響を与える。そのため，通常は原材料等の入庫検収作業を行い，検収作業記録が作成される。その作成状況をチェックする趣旨である。

【よくある問題点】

　検収担当者は検品作業を行っていると主張するが，目視のみでの確認であり，検収作業記録が作成されていない。その結果，不良品であっても発見されずに検収入庫手続が行われ，生産工程に投入される。また，財務会計面では，不良品に対する仕入れ／買掛金が計上され，仕入先に不要な代価の支払がなされてしまうリスクがある。

【改善事例】

　原材料等の仕入検収に際しては，入庫検収作業記録書を作成し，日付，原材料種類，検収対象数量，サンプリング検品数量，検収チェック項目，検収結果，実施者サイン，確認者サインを記載する必要がある。生産管理上においても，トレーサビリティの観点から必要である。

　また，発注データとの照合作業，検収作業及び入庫検収作業記録書の作成及び上席者による承認作業について，検収作業担当者に運用に係る合意を得るためのツールとして，入庫検収作業に係る業務フローを定めることが有効である。

2−8　検収・入庫事実と会計記録の整合性

チェック手続内容	問題有	問題無	該当なし
仕入品の検収・入庫記録が作成され，当該記録に基づいて仕入れに係る会計伝票が起票されるルートが形成されていることを資料閲覧により確かめる。			

【チェックの趣旨】

　原材料の検収入庫事実に基づく仕入計上，すなわち発生主義会計が適用されているかをチェックする趣旨である。

【よくある問題点】

　原材料入庫検収は倉庫担当者又は生産担当者が実施し，その入庫データを台帳に記録しているものの，当該台帳が会計担当者に伝達されていないケースがある。特に原材料種類が数百～数千種類になる場合は，倉庫担当者も全ての入出庫記録を台帳に記録していない場合もある。

　また，倉庫部門における原材料種類別の数量単位の入出庫データを記録しているとしても，これに乗じる単価データを誰が，いつ，どのような手段で用意して品目別に「入庫数量×単価＝仕入金額」の計算を行うかが明確となっていない。

　このような場合，会計担当者としては仕入先から入手した請求書（中文：発票，Column 3参照）に基づき仕入れを計上している。仕入計上時期は仕入先が請求書を発行し自社に到達した時点になるため，発生主義会計とはいえない。また，仕入先が請求書上の請求金額を誤って記載した場合（又は意図的に水増しした場合）でも会計担当者はそれを発見する手段を持たない。

【改善事例】

　原材料入庫に係る検収記録，入庫票等のフォーマットを定義し，検収手続きと確認手続きを規程化する。また原材料種類別に検収記録フォーマットを設ける必要がある場合もある。

　原材料種類が数百種類以上もある場合は，手作業による仕入金額算定ではなく，ＩＴシステムの導入も検討するべきである。ＩＴシステム導入により仕入金額の精度と計算スピード，部門間データ連携が向上することが期待できる。

　会計部門においては，倉庫部門から入手した原材料入庫データに基づき仕入及び買掛金に係る会計伝票を起票するとともに，仕入先から入手した請求書と照合の上支払

オペレーションを行うという業務プロセスに改善する。

　購買発注部門，倉庫部門，会計部門の部門間連携が必要である場合，また購買業務に多数の担当者が関与する場合は，詳細な業務フローや手順書を作成し協議することによって，手続の流れについての認識共有を図ることが有効である。

2-9 発注残数量の管理状況

チェック手続内容	問題有	問題無	該当なし
仕入先への発注数量と仕入先からの納品数量を照合し消込みを行うことにより，発注したにも関わらず未納品となっている発注口がいくらあるかが明確になっていることを，資料閲覧及びヒアリングにより確かめる。			

【チェックの趣旨】

　仕入先に原材料等種類，数量，希望納期を伝達・発注していても，その内容どおりに納品がなされないことがある。原材料の納品が遅れた場合，生産活動に影響を与えるおそれがあることから，購買担当者又は倉庫担当者はその旨を適時に生産管理部門に連絡するとともに，仕入先に督促と納期を確認する必要がある。

　また，仕入先が適時に納品したとしても，自社で入庫検収処理が遅れている場合もある。その場合は，入庫検収処理の遅れの状況又は入庫処理洩れの有無を確認し，適時に是正する必要がある。

　これらのコントロールが行われるためには，発注データと納品データの照合による発注残管理がリアルタイムでなされている必要がある。

【よくある問題点】

　発注残管理がなされていない。

　購買部門が生産部門や販売部門からの購買要求に基づき発注を行っている場合，生産部門等は自社倉庫内に原材料実物があるかどうかのみを見て発注要求を行っているため，既に発注したものの未入荷である原材料についても，倉庫残数量がないことから追加で発注手続を行う。これでは二重発注が生じるリスクがある。

　また，発注データは入庫予定データとなる。発注データと入庫データを照合することにより，在庫管理システムへの入庫データ入力忘れが判明する。この照合手続がなされていない場合，仕入れ／買掛金の計上及び集計漏れが生じ，仕入先とのトラブルにもなりかねない。

【改善事例】

　発注データと入庫データを照合することによる発注残管理を行う。

　通常，発注データは購買部門が保有しており，入庫データは倉庫部門が保有している。両部門のデータを照合するためには，照合担当者，照合するために必要なデータ

内容，照合時期，納期遅れが判明した場合の連絡先，仕入先への督促確認担当者等を業務フローの形で明確にして関連者に周知させる必要がある。

　発注頻度及び納品頻度が多い場合は，必要に応じて購買・在庫管理システムを導入することにより，リアルタイムの発注残管理が可能となる。

2-10 発票の入手・保管状況

チェック手続内容	問題有	問題無	該当なし
仕入れに係る会計伝票には，原則として仕入先から入手した発票が添付され保管されていることをサンプリングにより確かめる。			

【チェックの趣旨】

　中国の税務上，仕入れを含む費用（人件費を除く）の支払に際しては，仕入先が発行した発票の入手が義務付けられている。発票を入手していなければ，税務上，損金算入ができない。そのため，洩れなく発票を入手しているかどうかは，中国における税務調査においても重点調査項目となる（Column 3「発票とは何なのか？」を参照）。

【よくある問題点】

　中国人の会計担当者は，費用の支払に際して発票が必要である旨は熟知されている。そのため，費用の支払申請書上で適切な権限者（総経理等）の承認サインが記載されていても，仕入先が発行した発票が入手されていなければ，財務会計部門として受理しないという方針を徹底している事例も見受けられる。

　しかしながら，仕入先からの発票入手を失念した場合，又は仕入先が発票の発行資格を有さない個人事業主等である場合，発票がないため費用計上（税務上の損金算入）ができないことになる。

　発票の入手がなされなかった場合の対策として，従業員個人がプライベートで買い物をした時に入手した発票をもって，会社の費用支払の発票に充当している事例も見受けられる。しかしながら，この方法では，本来計上すべき適切な会計勘定科目（仕入れやリベート費等）に費用を計上することができず，従業員福利費等発票の記載内容に応じた勘定科目に計上する必要があるため，勘定科目残高に混乱が生じることになる（なお，従業員福利厚生費については中国の税務上，賃金給与総額の14％以内という損金算入限度額が設けられている（企業所得税法実施条例第40条））。

【改善事例】

　会計担当者のみならず，購買部門や営業部門等の社内で費用申請を行う各部門に対して，発票の入手が必要である旨を周知させる。特に日本人出向者については，日本にはない発票制度について理解させ，出張旅費や交際費精算に際しても発票の入手が必要である旨を徹底させる。また，費用の精算承認に際しては発票の有無が重要な

チェックポイントである旨を理解してもらう。

✼Column 3✼

　　　　🔵　発票とは何なのか？　🔵

　中国で人件費を除く費用の精算を行う際，必ず「発票」を入手しなければならない。この場合における「発票」は日本でいう「領収書」のような認識がなされている。また，自社が得意先に売上を行った際も「発票」を発行し，得意先に送付する。この場合は日本でいう「請求書」のような位置付けと認識されていると思われる。

　当コラムでは，そもそも「発票とは何なのか？」について整理する。

| 請求書 | ─ 相手先に対して，「お金を払ってください」という書類 |

| 領収書 | ─ 相手先に対して，「お金を確かに受領しました」という書類 |

| 発票 | ─ 中国の税務局が，増値税・（日本でいう消費税）を洩れなく徴収するために利用する書類 |

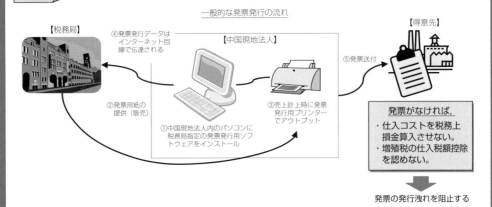

　「発票」とは，中国の税務局が増値税・営業税（日本でいう消費税）を洩れなく徴収するために企業に発行を義務付けた書類である。もともと「請求書」や「領収書」としての意義はない。ちなみに，「発票」とは別途，請求書（請求明細）や領収書を任意のフォーマットで作成することは問題ない。

　一般的な発票発行の流れを説明すると，まず企業の設立時に税務局指定の業者により企業内のパソコンに発票発行ソフトウェア（金税システムと呼ばれる）がインストールされる（上図①）。発票用紙は必ず税務局から購入しなければならない（上図②）。宛名や金額等の印刷に際しては，打刻式の発票発行用プリンターを購入して利用する必要がある（上図③）。

　重要なことは，企業内のパソコンとプリンターを利用して発行した「発票」のデータは発票発行ソフトウェアにより税務局にリアルタイムで伝送される（上図④）。これにより税務局は，どの企業が，いつ，誰に，いくらの金額で発票を発行したかを電子データで把握することになる。

一方で，得意先としては，仕入先から「発票」を入手しなければ，仕入コストを税務上損金算入できない（つまり企業所得税が高くなる）制度となっているため，仕入先に対して「発票」の発行を常に要求する。仕入先としては，お客様の要望に基づき「発票」を発行せざるを得ない。

　中国の国家税務局が考えたこれら一連のからくりにより，「売上を計上しても発票を発行せずに増値税・営業税を納税しない」という脱税が不可能になるわけである。

　出張旅費等の精算に際して，いちいち「発票」を集めるのは面倒であるが，貴社中国現地法人の会計担当者の言うことをよく聞いて，適切な発票を入手する必要がある。

2−11 仕入データと請求データの照合状況

チェック手続内容	問題有	問題無	該当なし
自社の仕入れに係る入庫検収データと，仕入先からの請求書及び発票データを照合することによって，買掛金計上額の正確性を検証していることを，資料閲覧及びヒアリングにより確かめる。			

【チェックの趣旨】

仕入先への支払オペレーションは，通常仕入先から送付される請求書又は発票をトリガーとしてなされる。仕入先作成の請求データを鵜呑みにせず，実際に納品されたものに対応する請求であるかを確かめる作業がなされているかどうかを確認する趣旨である。

【よくある問題点】

仕入先作成の請求書と自社の入庫検収済みデータを照合せず，請求書又は発票に記載されている請求額を鵜呑みにして代金支払オペレーションを行っている。

財務会計担当者にヒアリングすると，「倉庫部門は原材料入出庫台帳を記録しているが，数量のみしか記帳していない。そのため，金額（＝数量×単価）ベースで入庫データと請求データを照合することはできない。また，仕入先は1カ月まとめて請求書及び発票を発行するため，原材料入出庫台帳上のどの入庫口が請求書に対応するのかを検証することは作業負荷的にも時間的にも無理である。さらに，仕入先作成の請求明細上の原材料名称と，当社の台帳上の原材料名称が異なる場合もあるため，照合作業は非現実的である」とのことであった。

【改善事例】

中国では，通常倉庫担当者に原材料単価を教えないことが多い（盗難予防のため）。したがって，倉庫部門において原材料種類ごとの「数量×単価＝金額」の入出庫台帳を記帳させる慣習実務がない。そのため，原材料入庫金額を算定するためには，購買発注部門又は財務部門が原材料入出庫台帳に単価データを記入し，乗算を行う必要がある。

対策としては，倉庫部門による数量ベースでの原材料入出庫データの作成時期，購買部門又は財務部門への提出時期，購買単価入力担当者，仕入先ごとの仕入額集計担当者，請求書又は発票との照合担当者，照合時期，違算があった場合の仕入先への問

い合わせ担当者等に係る業務フローを作成し,関係者に周知させる必要がある。
　また,仕入頻度や金額が大きい場合は,ITシステムを導入し,部門間のデータ連携及びリアルタイム化を図ることが有効である。

2-12　発票の適時入手と仕入れの適時計上

チェック手続内容	問題有	問題無	該当なし
発票記載の日付と，会計上の仕入計上日（会計伝票の日付）が整合しているかについて，ヒアリングにより確かめる。			

【チェックの趣旨】

　費用の期間帰属をチェックする趣旨である。すなわち，発票を入手しているものの，発票日付が会計上の仕入計上日よりも数カ月過去のものである場合は，過月度（又は過年度）の費用計上が洩れていたことが考えられる。

【よくある問題点】

　原材料仕入に際して，入庫検収数量に発注単価を乗じて会計上の仕入計上を行っている場合は問題ない。一方で運送費や電気代，リース料，少額消耗品費等，仕入先からの請求書及び発票の入手を持って費用計上額が決まるような費用について，担当者が発票を机の引出しに長期間保管している，適時に財務会計部門に提出することを失念しているなどの問題点が見受けられる。

　通常，財務会計部門担当者としては，購買部門等他部門から費用申請を受け取る際，発票の日付を確認している。長期間提出が遅れている場合は適宜担当者に改善を依頼しているケースがあるが，改善がなされず会計担当者もあきらめているケースもある。

【改善事例】

　会計担当者のみならず，総経理等経営層から発票の適時入手と会計担当者への適時提出を徹底するようルール化し，各部門担当者に周知させる。また，発票の提出が遅れる頻度の高い部門や担当者を会計担当者からヒアリングし，経営層から改善の指示・指導を行う。

2－13　発票発行会社名と振込先銀行口座名の一致状況

チェック手続内容	問題有	問題無	該当なし
仕入先から入手した発票の発行会社名義と，買掛金支払先銀行口座名義が一致していることを資料閲覧及びヒアリングにより確かめる。			

【チェックの趣旨】

　中国の「発票管理弁法」では，取引の実態がないにもかかわらず発票を発行し，他者への貸し借り，譲渡を行った場合は，発票の譲渡人及び悪意又は重過失のある譲受人それぞれに最高50万人民元の罰金を科す旨定められている。

　その背景としては，休眠会社等に発票を発行させ対応する増値税・営業税を納税しないが，売掛金は請求するために顧客企業に転用した発票を提出することによる脱税を防止するためである。発票の譲受人（通常，仕入品の購入企業）にも脱税を幇助したとして罰金を科すことが特徴である。

　中国の税務調査の場面では，発票の発行会社名と支払先銀行口座名義が一致していない場合は，上記の発票の不法な譲渡又は貸し借りではないかとの疑いを受けることになる。実際に，発票の発行者は仕入先企業であるが，代金の振込先は仕入先経営者の個人口座として欲しい旨，仕入先から要望を受けることもある。この要求に応じていると，仕入先経営者の個人所得税逃れを幇助したと判断されるリスクが生じる。

【よくある問題点】

　発票の発行者と支払先銀行口座が一致していない。

　購買担当者にヒアリングすると，「仕入先には一致させるよう要請しているが，仕入先が個人企業であるため，発票を発行できない。税務処理上発票が必要であるため，仕入先は他社から入手した発票を当社に提出している」とのことであった。

　また，別の事例では，「発票発行者と銀行口座名義が異なるが，このことについての責任の全ては当社（仕入先）にあり，貴社に一切の迷惑をかけることはない」旨の念書を仕入先が差し入れているケースもあった。しかしながら，当該念書の存在をもって中国税務局が譲受人に科す罰金を免除するかどうかは定かではない。

【改善事例】

　仕入先に対して，発票発行会社名義と支払先銀行口座名義は一致させるよう要請する。また，仕入先が個人事業主であり発票を発行できない場合は，管轄税務局が発票

の代理発行を依頼する制度が設けられている。取引額を立証する契約書又は請求書，身分証明書等の所定資料を税務局に持参し，対応する増値税等関連税金を納付すれば，税務局が個人名義で発票を発行することができる。

2－14　発票未入手の場合の仕入計上

チェック手続内容	問題有	問題無	該当なし
月末時点で検収・入庫しているにもかかわらず，仕入先から発票未入手である場合，会計上，仕入れの概算計上を行っていることを会計伝票を閲覧することにより確かめる。			

【チェックの趣旨】

　仕入れを含む費用（人件費除く）の計上に際しては，仕入先が発行した発票を入手する必要があることは，上述のとおりである。しかしながら，原材料等を検収入庫したにもかかわらず，仕入先が翌月に発票と請求書を送付してくる，又は仕入先が発票の発行を失念したまま数カ月経過することもある。このような場合，発票が入手されていないことを理由に仕入れ／買掛金の計上を行わなければ，会計上の仕入額，原材料費（売上原価）や買掛金が実態を示さない。

　対策として，会計上は発票の入手時期にかかわらず，一旦検収入庫数量に契約（発注）単価を乗じて仕入れ／買掛金の仕訳を起票する。この場合，中国では発票が未入手であるという意味で「概算計上」「見積り計上」（中文：暫估）の仕入れ／買掛金という。

【よくある問題点】

　発生主義会計の観点からは，発票の入手・未入手にかかわらず，原材料等の検収入庫事実に基づいて仕入れ／買掛金を計上すべきである。しかしながら，中国税法が損金算入の要件としている発票の入手時点をもって仕入れ／買掛金の計上を行っている事例がある。このような場合，会計上の仕入額，原材料費（売上原価）や買掛金が実態を示さない。

【改善事例】

　上述の2－8「検収・入庫事実と会計記録の整合性」でも述べたように，検収入庫データに基づいて仕入れ／買掛金の計上を行う。その際，各仕入取引について発票を入手したかどうかの消込み確認を行う。これについては次項2－15「概算計上仕入れの発票入手消込み状況」を参照されたい。

　また，近年の中国内税務実務上，検収入庫データに基づき仕入れ／買掛金計上を行い，発票が未入手であっても，その後に発票が入手されているのであれば，税務申告

書上の加算調整を行わない実務となってきている。この点，中国税務局や税務調査官においても会計上の発生主義会計が理解されている傾向にあると思われる。

2−15　概算計上仕入れの発票入手消込み状況

チェック手続内容	問題有	問題無	該当なし
月末時点で概算計上した買掛金について，その後発票が入手されたかどうかの消込み管理を行う帳票が整備され，運用されていることを資料閲覧により確認する。			

【チェックの趣旨】

　上述の2−14「発票未入手の場合の仕入計上」に基づき，概算で仕入れ／買掛金の計上を行った場合でも，中国税法の要請に基づき，後日仕入先が発行した適切な発票を入手する必要がある。そのため，概算計上した買掛金に係る発票が入手されたかどうかを確認する手続や帳票が整備され，運用されているかどうかをチェックする趣旨である。

【よくある問題点】

　会計上概算計上した買掛金に対し，その後発票が入手されたかどうかの確認を，会計担当者が記憶に頼って管理しているケースがある。確かに概算計上した仕入れ／買掛金が毎月2〜3件であれば記憶による管理で可能とも思われるが，数十件以上になると記憶による管理では心もとない。

　また，仕入先から発票を入手した際，当該発票が過去に概算計上した買掛金にかかるものなのか，それとも当月の新たに発生した仕入れ／買掛金にかかるものなのかを調査せず，新たな取引として誤認し仕入れ／買掛金の二重計上（概算計上＋発票入手による買掛金計上）を行っている事例も見られる。

【改善事例】

　概算計上買掛金を計上する際，会計仕訳の勘定科目を「買掛金−概算計上」というように内訳科目（中文：二級科目）を用いて発票入手済みの買掛金とは区別して計上する。「買掛金−概算計上」に計上された残高明細を会計システムからアウトプットし，その後発票が入手された都度消込み管理を行い，「買掛金−概算計上」から買掛金本勘定に振り替える会計仕訳を起票する。これにより，発票の入手洩れ及び買掛金の二重計上を防止する。

　また，中国企業を対象とした購買管理システムにおいては，各仕入データに対して発票を入手したかどうかのフラグ管理を行う機能が付いている場合がある。データ量が多い場合は，ＩＴシステムの導入も検討する必要がある。

2-16 仕入れ単価未確定の場合の見積単価設定状況

チェック手続内容	問題有	問題無	該当なし
仕入れ単価が未確定である場合において見積単価を設定する場合，適切な根拠及び承認の下で見積単価が設定されていることを，資料閲覧及びヒアリングにより確かめる。			

【チェックの趣旨】

　中国でも「諸事情」により，購入単価が未確定のまま仕入先に発注がなされることがある。ここで「諸事情」とは，緊急で原材料を調達する必要があるため価格の交渉が完了していない場合，又は半年間等一定期間の為替レートの変動状況によって，過去に遡って取引単価を決定するような場合が挙げられる。

　このような場合でも，発生主義によるタイムリーな仕入れ／買掛金計上を行うためには，自社で一定の見積単価を設定し，原材料入庫時点に合わせて会計処理を行う必要がある。仕入計上額に係る見積単価の合理性及び承認状況をチェックする趣旨である。

【よくある問題点1】

　見積単価の設定がなされておらず，発生主義による仕入れ／買掛金計上も行われていない。財務担当者にヒアリングしたところ，「誰も購入単価又は見積単価を教えてくれない」とのことであった。

【よくある問題点2】

　見積単価の設定はなされているものの，財務部担当者個人が推測で設定している。設定根拠についてヒアリングしたところ，前回仕入時の単価とのことであるが，見積単価が承認された記録はない。

【改善事例】

　理想としては，全ての仕入れに対して事前に発注金額を確定させることであるが，仕入先との交渉も要するため実務的に事前に確定できないこともある。その場合は，対象となる原材料等種類に対して，見積単価設定根拠資料を作成し購買部門長等上席者の承認サインを記載することが望まれる。

　見積単価設定根拠としては，前回発注時の単価でも良い。これに購買担当者又は責任者の見通し判断を加えて見積単価を設定することが多いと思われる。

なお，事後に確定する仕入れ単価と見積単価は一致しないことが通常である。差額については，差額が判明した月の仕入額の調整として会計処理することとなる。

2－17　不良品・品違い品の処理状況

チェック手続内容	問題有	問題無	該当なし
一旦検収入庫した後に，不良品や品違い品が判明した場合，仕入先への返品事実を財務部に伝達する帳票が整備され，運用されていることを確認する。			

【チェックの趣旨】

　倉庫部門が原材料等の検収手続を行う際，不良品や品違い品が発見されることがある。この段階で仕入先に返送する場合，すなわち検収入庫データを財務部門に送る前に仕入先への返品を行う場合は，財務部門において仕入れ／買掛金が計上されることはない。

　問題となるのは，一旦検収手続を通過したにもかかわらず，生産部門における使用段階において不良品や品違い品であることが判明した場合，倉庫部門又は生産部門はその事実を財務部門に伝達し，仕入れ／買掛金計上を取消し又は修正する必要がある。

　中国現地法人においても，検収段階で全ての仕入品に係る検収手続がなされることは少なく，量が多い場合はどうしてもサンプリング・チェックによる検収手続とならざるを得ない。また，中国国内調達品の場合は品質にバラつきがある場合もあり，生産現場で使用する時点で不良品であることが判明することも少なくない。このような場合に，適時に不良品・品違い品発見の情報を財務部門に伝達する方法・ルートが確保されていなければならない。

【よくある問題点】

　生産部門において不良品や品違い品を発見しても，その情報を財務部門に伝達しない。また不良品や品違い品を生産部門単独の判断で廃棄又は放置する等，倉庫部門や仕入先にも伝達しない。

　また，仕入先に返品を行っても，財務部門に返品情報を伝達しなければ会計帳簿上の仕入れ／買掛金の修正がなされない。仕入先が良心的で，返品額を控除後の請求書と発票を財務部門に送付している場合は，事後的に財務部門担当者は返品事実を認識することができるが，仕入先も返品受取データを請求金額や発票に反映させていない場合は，余計な仕入れ対価を支払ってしまう。

【改善事例】

　生産現場で不良品や品違い品が発見された場合は，その都度倉庫部門（検収担当部門）及び購買部門（仕入先との交渉担当部門）に連絡するよう，製造担当者に周知させる。生産現場への原材料払出量が生産計画から演繹されている場合は，不良品があった場合に生産計画に基づかない再度の原材料払出がなされるため，不良品等発見に係る情報を倉庫部門は把握しやすい。

　倉庫部門は不良品にかかる生産部門からの受取データを出庫票に赤字（マイナスの意味）で記載するとともに，原材料台帳への転記・入力を行う。原材料台帳データが財務部門に伝達されることにより，財務部門は当月の入出庫量と不良品にかかる返品データを把握することができる。また，仕入先との交渉を担当する購買部門から返品額あるいは値引き額に係る情報を入手することにより，会計上の仕入れ／買掛金修正に必要なデータを財務部門は収集できる。

　これら一連の手続を業務フローに記載し，関連部門担当者に周知することが望まれる。

2-18　出庫事実と会計記録の整合性

チェック手続内容	問題有	問題無	該当なし
原材料の出庫記録が作成され，当該記録に基づいて原材料費に係る会計伝票が起票されるルートが形成されていることを資料閲覧により確かめる。			

【チェックの趣旨】

　原材料の出庫記録とは，まずは原材料払出しの都度記録される原材料出庫票（中文：領料単）である。これに払い出した原材料品目，数量，単位，使用製品種類，日付，払出者（倉庫部門担当者）確認サイン，受領者（生産部門担当者）確認サイン等が記載され，原材料払出データの原資証憑となる。

　次に，原材料出庫票は倉庫部門において原材料台帳に取りまとめられ，日次，週次又は月次単位で財務部門に出庫データが伝達される。財務部門においては倉庫部門から入手したデータに基づき，当月の原材料費（製造原価）の計上を行う。これらの情報伝達ルートが確立されているかをチェックする趣旨である。

【よくある問題点】

　生産部門担当者が，必要な原材料を自ら勝手に（出庫票を起票することなく）持ち出す事例が多い。この場合，定期的に行う棚卸手続により棚卸差異として判明するが，棚卸差異分析に手間がかかる（又は棚卸差異分析がおっくうになる原因となる）上，原材料出庫票がなければ原価計算上の製品種類への直課を行い得ない。

　生産部門担当者に原材料出庫票を起票するよう指導しても，「面倒である」「時間がない」等の反論がなされる。生産部門担当者としては，自らの不手際で不良品を生産した場合，追加の原材料出庫に際しては記録が残らない方が都合がよい。工場が24時間稼働である場合，倉庫担当者は出庫票のない出庫がなされることを24時間見張っているわけにはいかないため，出庫票の網羅的な起票をあきらめる。会計担当者としても継続記録法による原材料出庫データの集計を諦め，棚卸法による原材料費把握を行わざるを得ない。

【改善事例】

　原材料倉庫をパーテーションで区切り，出入口には鍵をかけ，倉庫担当者の立会いの下でしか原材料にアクセスできないようにする。これにより生産担当者が勝手に原材料を持ち出すことを防止する。

また，生産計画に基づき原材料出庫量が事前に計算できる場合は，倉庫担当者は計画払出量の配膳を事前に行い，これに基づき生産担当者が原材料を受領できるよう，原材料払出現場のレイアウト変更も含めて対策を講じる。

　倉庫担当者と生産担当者は上述の原材料出庫票を起票し，原材料入出庫台帳を通じて会計担当者に原材料出庫データを伝達できるルートを確保する。

2-19　月次棚卸の実施状況

チェック手続内容	問題有	問題無	該当なし
定期的な月次棚卸が実施されていることを資料閲覧により確かめる。			

【チェックの趣旨】

　日本では，棚卸は半年又は年に1回実施することが一般的であるが，中国ではモノがなくなりやすい傾向があるため，毎月末に棚卸を行うことが多い。

　棚卸を実施するにあたって，棚卸マニュアルの整備及びその運用状況を，棚卸票，棚卸集計表や棚卸差異分析資料等を閲覧し確かめる。

【よくある問題点】

　棚卸の実施にあたっては，倉庫部門，生産部門，会計部門等多数の人員が参画するにもかかわらず，明確な棚卸マニュアルが作成されていないケースが多い。倉庫部門は独自で原材料残高の残数量を確認しているが，そのデータが会計部門に伝達されていない。

　また，生産部門においては仕掛品の棚卸を行う必要がある。仕掛品現物は工程の進捗に応じてその形を変えていくが，カウント単位やカウント方法が確立されておらず，ひいては生産部門担当者の主観によって数量カウントを行わざるを得ない事例もある。

【改善事例】

　棚卸マニュアルを策定することによって「あるべき棚卸方法」が確立する。棚卸マニュアルは棚卸に参画する多数の人員に周知され，棚卸前にミーティングを行い内容の確認を行う。

【参考2：棚卸マニュアルの例】

Ⅰ　棚卸の意義
　1．財務会計上の意義
　　　棚卸資産の月末／年度末在庫数量及び価額を確定し，月次・年度の適正な原価計算並びに期間損益計算を可能にするために，毎月末に棚卸を行う。
　2．管理会計上の意義
　　　実際の棚卸資産在庫数量と帳簿上の棚卸資産数量とを比較することにより，在庫保管状況の妥当性判断を可能にするために，毎月末に棚卸を行う。

Ⅱ 棚卸対象棚卸資産
　1．棚卸を行う対象資産は以下の資産とする（以下，「原材料等」という）。
　　・　＊＊＊＊＊＊品在庫
　　・　輸入＊＊＊＊＊＊品在庫
　　・　＊＊＊＊＊＊在庫
　　・　＊＊＊＊＊＊器械在庫
　　・　事務用品在庫
　　・　消耗品在庫
　　・　間接材料在庫
　　・　未使用固定資産設備在庫
　2．上記以外の倉庫内資産（消耗品等）については，個数をカウントしないが，棚卸時に目視により併せて保管場所，整理状況の確認を行う。

Ⅲ 棚卸実施時期
　毎月末操業日の午後5：00以降に開始し，同日中に終了する。

Ⅳ 出庫の停止
　1　棚卸実施中は原材料等の出庫を停止する。そのため，製造部門は棚卸所要時間中に払出しが必要と予想される原材料等については，事前に倉庫部門に対して申請を行い，払出しを受ける。

Ⅴ 棚卸実施体制と役割
　棚卸実施体制及び各担当者の役割は以下のとおりとする。

棚卸実施体制

総経理 → 会計責任者 → 倉庫責任者 → 倉庫担当者

担当者	機　　能
総　経　理	棚卸に必要な部門，人員の選定及び配置を行う。
会計責任者	棚卸結果を検討し，会計数値への反映について責任を負う。
倉庫責任者	棚卸を指揮し，棚卸の結果について責任を負う。
倉庫担当者	倉庫責任者の指揮の下，現物の棚卸及び集計を行う。

Ⅵ 棚　卸　場　所
　棚卸場所は原則，当社の倉庫内とする。
　ただし，倉庫内に入りきらない原材料がある場合，あるいは外部に保管されている原材料がある場合には，当社倉庫外にて棚卸を行うことがある。

Ⅶ 棚卸方法

1. 事前準備
   ① 棚卸手続確認シートをアウトプットし，棚卸手続と実施担当者について確認を行う。
   ② 倉庫内の原材料保管場所に，棚卸対象原材料ごとのロケーション，管理番号，名称及びカウント単位を記載したラベルが添付されていることを確認する。
   ③ 検収済みの原材料等を適切な場所に保管し，棚卸カウントがしやすいよう倉庫内を整理整頓する。
   ④ 有効期限切れ等により価値がない原材料・消耗品については，関連部門責任者と協議の上，廃棄する。なお，月中に関連部門責任者と協議の上廃棄することを妨げない。
   ⑤ 製造現場を視察し，出庫処理済みであるが，未使用となっている重要な原材料の有無を確認する。ある場合は，倉庫への戻入れ処理を行う。
   ⑥ 棚卸対象外の物品（消耗品，預り品）については，棚卸対象とならない理由を記載したラベルを倉庫内現物に添付する。
   ⑦ 製造現場責任者に，棚卸を実施するため一定期間出庫を停止する旨を連絡し，承認を得る。
   ⑧ 各帳票（棚卸分担表，棚卸原票（正・副），棚卸集計リスト，棚卸原票コントロール・シート，棚卸差異分析表）を必要部数準備する。棚卸原票（正・副）には棚卸原票No.（連番）及棚卸実施日を記入しておく。

2. 棚卸の実施
   ① 棚卸責任者は棚卸実施担当者を集め，棚卸の開始を宣言する。
   ② 棚卸の実施に際しては，原則として会計責任者が立ち会う。会計責任者が不在あるいは多忙の場合は，会計責任者の代理者が立ち会う。
   ③ 棚卸責任者は，棚卸原票（正・副）を棚卸担当者に配布し，棚卸原票コントロール・シートへ棚卸原票番号を記入する。棚卸担当者（棚卸原票の受領者）は，棚卸原票コントロール・シートへ受領した旨のサインを行う。
   ④ 棚卸担当者は，倉庫内にて原材料等現物のカウントを行い，棚卸原票（正・副）にロケーション，原材料No.，原材料名称，数量，単位を記入する。
   　　記入した棚卸原票（正）は原材料等現物に添付し，棚卸原票（副）は連番を確認の上，棚卸責任者に手渡す。手渡し時に，棚卸原票コントロール・シートの戻し者欄にサインを行う。
   ⑤ 棚卸責任者は，棚卸担当者から棚卸原票（副）を回収する。回収にあたっては，棚卸伝票（副）の連番，各項目の記入洩れ・不鮮明，棚卸担当者サイン洩れの有無を確認する。
   　　棚卸原票の枚数が多い場合は，棚卸原票（副）を棚卸担当者に確認させることができるが，その場合でも棚卸原票記入者と棚卸原票確認者が一致

してはならない。
⑥ 棚卸担当者から棚卸原票（副）を回収した都度，棚卸責任者は棚卸分担表の消込みを行い，棚卸進捗状況を管理する。
⑦ 連番を付されたものの未使用の棚卸原票がある場合は，棚卸責任者が当該未使用原票を確認の上，原票番号を棚卸原票コントロール・シートに記入する。当該未使用の棚卸原票は使用済み棚卸原票とともに一定期間保存する。
⑧ 棚卸責任者は，上記全ての棚卸手続が完了したことを確認した後，棚卸の終了を宣言する。

3．棚卸の集計
① 棚卸担当者は，棚卸実施日の翌操業日に，棚卸原票（副）上のデータを棚卸集計表に入力する。入力にあたっては，棚卸担当者間で相互にチェックし入力の正確性を担保する。
② 棚卸責任者は，棚卸担当者が入力した棚卸集計表を閲覧し，集計金額についての確認を行う。

4．棚卸差異分析
① 棚卸担当者は，棚卸集計表に入力されたデータを，帳簿上の残高データと照合し，棚卸差異を算定する。棚卸差異は適時に棚卸責任者に報告する。
② 倉庫部門は，一定基準を超える棚卸差異については，過去の入出庫データの調査あるいは倉庫内の再検索等により，原因を究明する。
③ 原因不明な棚卸差異が多額の場合は，適時に会計担当者又は総経理に報告し，対策の指示を受ける。

5．会計部門への報告
① 棚卸資産の集計結果及び棚卸差異の金額については，倉庫部門にて集計後，遅滞無く会計責任者に報告する。
② 会計責任者は，倉庫部門より棚卸結果の報告を受け，集計された棚卸資産残高及び棚卸資産の評価額についての検討を行う。
③ 棚卸結果が妥当と判断された場合は，遅滞なく伝票を起票し，会計上への反映を行う。

Ⅷ 附　則

・「棚卸マニュアル」は20××年××月××日に制定された。20××年××月末の棚卸より運用を開始する。
・「棚卸マニュアル」の改訂にあたっては，倉庫責任者及び会計責任者が協議の上行い，総経理の承認を受ける。

以　上

2-20　棚卸の網羅性確認状況

チェック手続内容	問題有	問題無	該当なし
棚卸に際しては，倉庫内見取り図の消込み等により，全ての棚卸がなされていたことを確認する記録が残されていることを，資料閲覧により確かめる。			

【チェックの趣旨】
　棚卸を行う意義は，帳簿上の棚卸資産が実際に保管されていることを確認することと，帳簿への記録が洩れている棚卸資産の有無を確認することの2つある。
　特に後者の意義を理解して棚卸を行われているかどうかをチェックする趣旨である。

【よくある問題点】
　原材料台帳等，帳簿上の残数量に対して現物があるかどうかのチェックは行っているが，帳簿上に記録されていない原材料の有無の確認（網羅性確認）及び修正が行われていないケースがある。
　また，各担当者が気付いた入庫入力処理洩れの原材料を発見した場合は，適切な帳簿記録の修正が行われているが，それが網羅的に行われたことを立証する資料が残されていない。

【改善事例】
　まず，棚卸資産を保管している倉庫及び工場のレイアウト図を作成し，各ブロックごとに棚卸担当者名を記載する。棚卸担当者から棚卸実施証跡である棚卸票を回収するごとに棚卸実施済みマークを記載することにより，消込みを行う。
　また，棚卸カウントした現物に付箋やシールを貼ることにより，全ての棚卸資産現物をカウントしたかどうかを確認する方法とすることも考えられる。
　これらは棚卸マニュアルに記載し，棚卸担当者への周知を図る。

2−21　月次棚卸の牽制状況

チェック手続内容	問題有	問題無	該当なし
現物カウントに際しては，カウント者と確認者，又は財務部担当者による立会いにより，正確性に係る牽制がなされていることをサンプリングにより確かめる。			

【チェックの趣旨】

　中国現地法人においては倉庫担当者の持ち場が固定され，その持ち場にある棚卸資産の保管は個人の責任という個人主義が取られる傾向がある。倉庫担当者によっては，棚卸資産を紛失した責任を逃れるため，現物がないにもかかわらず棚卸票にあったように記載する場合もある。

　このような事態を防止するため，倉庫担当者とは別の者によって現物カウントを行う体制が取られているかを確認する。具体的には，棚卸票へ２名以上の確認サインがなされているかどうかを確認する。

【よくある問題点】

　棚卸を実施しているものの，倉庫担当者１名で行っている。又は棚卸票への確認サインを記載していない。

　棚卸資産の紛失が発見された場合は，原材料の出庫票を追加で起票することにより，帳簿上の辻褄合わせを行い，棚卸差異分析を行わない。

【改善事例】

　棚卸マニュアルに，棚卸は２人１組で現物カウントを行うことを明記し，周知する。また，棚卸票にカウント者と確認者の両者のサインを記載することを徹底する。また，上述の倉庫内見取り図の消込み表に，現物カウント者名と確認者名を記載し，棚卸作業の分担を明確にすることも有効である。

2-22 棚卸差異の分析状況

チェック手続内容	問題有	問題無	該当なし
棚卸差異については,重要性の基準値が設定され,それを超える棚卸差異についてはその原因が分析され,記録されていることを資料閲覧により確かめる。			

【チェックの趣旨】

棚卸資産の入出庫が頻繁に生じる場合は,どうしても入出庫時の現物カウント誤りや帳簿への記帳誤りによって,棚卸差異が生じる。

棚卸差異が生じることは致し方ないこととしても,判明した棚卸差異を適切に把握・分析の上修正しているかどうかをチェックする趣旨である。

【よくある問題点】

棚卸差異の分析が行われていない。その理由として,「棚卸差異が生じている原因は,製造部門担当者が勝手に(出庫票を起票せずに)原材料を持ち出すから,倉庫担当者の責任ではない」というものであったり,「棚卸差異が多数発生するため,いちいち分析と資料作成を行っている時間はない」というものであったりする。

さらに,棚卸差異分析表を作成することにより責任の所在が明確になることを嫌う傾向がある。

【改善事例】

棚卸差異の分析フォーマットを作成する。棚卸差異の分析対象を,例えば「残高の±5%以上の差異が生じた場合」とし,軽微な差異についてまで差異分析の対象としない(これは日本でも同様であると思われる)。

また,差異原因が不明である場合は,「原因不明」と記載することとし,原因不明の差異がいくらあるのかを把握することから始める。

【参考３：棚卸差異分析フォーマットの例】

<table>
<tr><td colspan="3">棚卸差異分析表</td><td colspan="2">No.</td></tr>
<tr><td rowspan="2" colspan="2">※会計システム残額の±５％以上の棚卸差異が生じた場合に作成のこと。</td><td>総経理</td><td>経理</td><td>課長</td><td>作成者</td></tr>
<tr><td></td><td></td><td></td><td></td></tr>
</table>

棚卸資産名		棚番	
コード番号		色	

棚卸日	単位	棚卸数量	システム残数量	差異数量
2011年３月31日	庫	10,000	11,000	−1,000
				−9.09％

棚卸差異分析	
棚卸数量加算	
棚卸カウント洩れ判明（棚卸担当者○○，△△）	1,500
棚卸数量減算	
棚卸カウント誤認（色違いの他の原材料と誤認）	−500
帳簿残数量加算	
仕入入庫入力洩れ（入庫番号×××，入力担当者○○）	800
帳簿残数量減算	
出庫入力洩れ（出庫票番号×××，入力担当者○○）	−600

判明差異数量合計	1,200
不明差異数量	200
	1.82%

不明差異の処理方法
☐ 棚卸差損益として会計システムに入力処理　入力者＿＿＿＿＿＿＿
☐ その他＿＿＿＿＿＿＿＿＿＿＿＿＿＿＿＿＿＿＿＿＿＿＿＿

今後の対策を記録
・棚卸担当者に今後カウント時に注意するよう促した。 ・当該原材料名を倉庫配置図に明記し，保管場所を明確にした。

2-23　倉庫担当者と会計担当者の連携状況

チェック手続内容	問題有	問題無	該当なし
倉庫担当者は，会計担当者に適時に必要資料を提示し，問い合わせにも的確に回答する等の連携が取れているかについて，ヒアリングにより確かめる。			

【チェックの趣旨】

　適切な会計記録ひいては財務諸表の作成を行うためには，各部門（当項目の場合は倉庫部門）から適時かつ適切なデータが会計部門に伝達される必要がある。

【よくある問題点】

　中国では，会計部門が各部門のデータのチェックを行うという意識が希薄である。ともすれば，「倉庫担当者が棚卸資産入出庫に係るデータを提示しないから，会計処理ができない」という会計担当者の言いわけで終始するケースもある。

　また，会計担当者が倉庫担当者に資料の督促又は問い合わせを行っても，「忙しい」という理由で的確な回答やコミュニケーションを行っていない事例もある。

【改善事例】

　倉庫担当者は適時に適切な棚卸資産入出庫データ及び棚卸データを会計部門に提出するよう，業務フローの形式で手続を明確化する。業務フローは倉庫担当者，会計担当者及び経営層立会いの下でその内容を確認し，周知とその運用に係る合意を行う。また，決算に際して必要な資料名や提出期限を一覧表形式で会計部門から倉庫部門に事前に提供・伝達することが望ましい。

2-24　期末外貨建債務の換算状況

チェック手続内容	問題有	問題無	該当なし
月末における買掛債務残高について，中国人民銀行が公表する中間値（TTM）により換算替えが行われ，為替差損益が適切に算定されていることを資料閲覧及びヒアリングにより確かめる。			

【チェックの趣旨】

　中国では，月次決算が建前であるため，外貨建金銭債権債務の為替レート換算替えは毎月末を基準として行われる。その際，適切な為替レートが適用されているかどうかを確認する。

【よくある問題点】

　毎月末レートに基づく換算替えが行われていない。又は，行われていても誤った為替レート（TTSやTTB）によって換算されている。

【改善事例】

　適切な為替レート（TTM）に基づき外貨と人民元間の換算を行う旨を財務会計規程に明記し，会計担当者に周知させる。

　また，月末決算に係る決算整理仕訳一覧表を作成し，月末換算替えに係る仕訳の起票方法をマニュアル化する。また，前月までの為替差損益と比較することにより，為替レートの変動傾向と為替差損益の発生状況が整合しているかどうかを確認することが推奨される。

2−25　滞留買掛金の管理状況

チェック手続内容	問題有	問題無	該当なし
一定の支払サイトを超えて決済されていない買掛金については，その原因が明確になっており，また購買責任者に伝達されていることをヒアリングにより確かめる。			

【チェックの趣旨】

　中国では，自社の資金繰りを有利にする観点から，意図的に買掛金の支払を遅らせる傾向がある。

　また，意図的ではなくても，資金繰りが良くない状況の下で，致し方なく仕入先への支払が遅延する場合もある。

　しかしながら，いたずらに支払を遅延させると，仕入先からの原材料等仕入品の供給がストップされ，自社の生産や出荷に悪影響が生じるおそれがある。そのため，買掛金を円滑に支払っているかどうか，また支払が遅延している状況や理由については，購買責任者や経営層が把握しているかをチェックする趣旨である。

【よくある問題点】

　仕入品の入庫検収手続きを行ったものの，仕入先からの発票や請求書が会計部門に到達していない場合に，会計部門は仕入先への支払を行わない。その原因が，自社の購買部門担当者が発票や請求書を紛失しているような場合もあるため，会計部門担当者は仕入先に問い合わせる等の対応を行うべきであるが，上述の自社の資金繰りにとって有利という観点から，放置している事例もある。このような状況を購買責任者や経営層は把握していない。仕入先から原材料等の供給をストップされて初めて自社が支払を行っていないことに気付く。

【改善事例】

　仕入先への買掛金支払状況については，会計部門が年齢構成表の形式で定期的（月一度等）購買責任者や経営層に伝達する。その情報伝達経路を業務フローの形式で明確化し，関係者に周知させる。

2-26　買掛金支払サイトの管理状況

チェック手続内容	問題有	問題無	該当なし
契約書等で定められた買掛金支払サイトに基づき，買掛金及び未払金の支払を行っているかどうかを資料閲覧及びヒアリングにより確かめる。			

【チェックの趣旨】

　原材料又は固定資産等の購買に際しては，事前に支払サイト（納品後60日後支払等）が契約書等に定められていることが通常である。財務部門は契約書等に定められた支払サイトに基づき，仕入先への支払を行っているかどうかをチェックする趣旨である。

【よくある問題点】

　財務部門が契約書等に定められた支払サイトを認識していない。

　購買部門等各部門が支払申請書を起票し，総経理等権限者の承認が得られた時点が財務部における支払オペレーションのトリガーとなっている。したがって，資金残高が潤沢な時期は買掛金の支払が早期に行われるが，資金が欠乏すると仕入先への支払が遅れたまま放置されている。

　財務会計部門にヒアリングしたところ，「契約書は購買部門が保管しており，財務部には回付されない。したがって，財務部では支払サイトを認識できない。また，数百社ある仕入先それぞれの支払サイトを手作業で管理し，各買掛金口の支払時期を明確化することは非常に困難である」とのことであった。

【改善事例】

　資金支払を要する契約書については，全てコピーを財務会計部門に回付することとし，財務会計部門は，取引内容，取引金額，支払先，支払サイト，支払予定時期，支払方法を把握した上で支払に係る会計処理を行う必要がある。

　また，仕入先が数百社等多数存在する場合は，会計システムの機能を利用した支払サイトに基づく支払予定表管理を導入することも有効である。

2−27　滞留原材料の管理状況

チェック手続内容	問題有	問題無	該当なし
滞留原材料が帳簿の上で明確になっており，その状況が購買責任者に伝達されていることをヒアリングにより確かめる。			

【チェックの趣旨】

　チェックの趣旨は2つある。1つ目は，財務会計上，長期間滞留となっている原材料等棚卸資産についてその後の利用可能性を検討し，利用可能性がないものについては減損処理を行うための判断根拠として，滞留原材料の状況を把握する必要がある。

　2つ目は，一旦は必要と判断して購入した原材料等についても，製品の生産打ち切り等図らずも不要となってしまうこともある。滞留原材料の発生が不可避であったのか，それとも原材料需要予測の判断に問題があったのかを事後的に検証し，今後の発注要否判断の反省材料とされているかをチェックする趣旨である。

【よくある問題点】

　滞留原材料等の金額が把握されていない。また購買責任者や経営層もその状況を理解していない。会計上の棚卸資産減損もできないし，また今後の購買活動改善の検討に際しても活かされていない。

【改善事例】

　滞留原材料の発生状況については，会計部門が年齢構成表の形式で定期的（月一度等）購買責任者や経営層に伝達する。その情報伝達経路を業務フローの形式で明確化し，関係者に周知させる。

　なお，原材料種類が数百種類以上ある場合は，原材料品目毎の在庫年齢構成表を手作業（エクセルの利用を含む）で行うことには限界がある。ITシステムの利用が不可欠となる。

2-28 取引先との残高照合の状況

チェック手続内容	問題有	問題無	該当なし
定期的に取引先との残高照合がなされており，不一致の場合の原因分析についての記録が残されていることを，資料閲覧により確かめる。			

【チェックの趣旨】

　一義的には自社の仕入計上処理と買掛金支払処理を日々適正に行っていれば，仕入れ／買掛金残高は適正となる。加えて，取引先（購買管理においては仕入先）の取引記録と自社の取引記録及び買掛金残高が整合しているかどうかを確認する手続は，会計帳簿残高の検証及び支払トラブル回避のために有効である。

【よくある問題点】

　取引先との残高照合を行っていない。年に一度，財務諸表監査手続の一環として会計師事務所（日本でいう監査法人）が取引先に残高確認書を発送するが，これにより多額の差異があることが判明する。その原因について，1年間の取引記録を遡って究明することは時間的にも労力的にも困難となる。

　また，仕入先から不意の督促状が届き，その内容の真偽について検証を行う手間が生じる。

【改善事例】

　主要取引先に対しては，定期的（3カ月に1度等）残高確認書を送付し，差異の有無を確かめる。差異が生じた場合はその原因（輸送途中の積送品や銀行振込のタイムラグ等）を差異分析資料に記載し保管する。異常な差異が生じた場合は，購買責任者や経営層に報告し，対策を仰ぐ。

　これら手続を決算マニュアル等に記載し，関係者に周知させる。

2-29　各管理台帳と総勘定元帳との一致

チェック手続内容	問題有	問題無	該当なし
原材料入出庫台帳，買掛金台帳等の諸台帳の期末残高と，会計システムの各勘定科目残高が一致していることを毎月確認しているかについて，ヒアリングにより確認する。			

【チェックの趣旨】

　基本的に，日々の原材料の入出庫データや買掛金支払データに基づいて，会計上の棚卸資産残高，買掛金，仕入れ，原材料費といった勘定科目残高が計上されているため，日々の入出庫データ等を管理している原材料入出庫台帳や買掛金台帳と，会計システム残高は一致するはずである。

　しかしながら，データの転記誤りや漏れを防ぐためには，月次決算に際して諸台帳と会計システム残高を事後的に照合し，データ連携の正確性を検証する必要がある。

【よくある問題点】

　会計担当者及び会計責任者は，各種台帳と会計システム残高を照合しているが，その証跡（確認サイン）を記載していない。

【改善事例】

　決算マニュアル等に，会計システム残高と照合すべき台帳の種類，照合時期，担当者を記載し，関係者に周知させる。また，照合・確認を行った担当者又は責任者は，帳票に確認した旨のサインと日付を記載することを徹底する。

3 労務費管理

3−1 架空従業員の有無

チェック手続内容	問題有	問題無	該当なし
実際は勤務していない架空従業員に対して給与を支払っていないかを，資料閲覧及びヒアリングにより確かめる。			

【チェックの趣旨】

　親類縁故者や退職済みの者など，本来給与を支給すべきでない者に給与を支払い，会社資金を横領していないかを確かめる趣旨である。

【よくある問題点】

　タイムカード等による勤怠管理システム上，出社・勤務した記録がないにもかかわらず給与台帳上は給与が計上され毎月振込みが行われている。

　一般従業員にヒアリングしたところ，「そのような人物は見たことがない」と回答される。

　中国現地法人でよく論点となるのは，各従業員の給与額情報はできるだけ洩れないようごく限られた人物のみしかアクセスできないルールとしていることである。その分，限られた人物は給与計算を恣意的に操作しやすくなる。

【改善事例】

　給与計算の諸元資料となるタイムカード，勤怠管理システム・データ，残業申請承認票，出張申請書等の資料と給与台帳を定期的に照合する。

　営業担当者のように出張が多く必ずしも毎日オフィスや工場に出社するわけではない役職については，出張申請書や営業報告書のような勤務実態を証明する資料を閲覧することが有効である。

　諸元資料と給与台帳の詳細な照合作業については，給与データへのアクセスを限定する目的から，外部の会計コンサルティング会社に委託することも考えられる。

　また，毎月の給与台帳は経営層がモニタリングすることが望ましい。給与台帳を閲覧することによって，従業員ごとの残業時間や欠勤，遅刻等の情報を把握することができ，人事考課の検討にも役立てることができる。

3-2　労務費の把握，集計状況

チェック手続内容	問題有	問題無	該当なし
労務費が定期的に算定され，適時に会計計上されているかについて，会計伝票の閲覧及びヒアリングにより確かめる。			

【チェックの趣旨】

　従業員への給与支払は，企業経営においてもっとも重要視される項目である。そのため，給与手当額，個人所得税額，社会保険料が従業員毎に計算され，集計，会計計上がなされることが通常である。まずはこれら手続が定期的に（毎月）実施されていることをチェックする趣旨である。

【よくある問題点】

　労務費の会計計上がなされていないケースはほとんどない。

　少ないケースではあるが，設立間もない中国現地法人において，従業員給与にかかる個人所得税や社会保険料の計算過程がよくわからないため，手取り給与のみを労務費として計上しているケースがある。

【改善事例】

　労務費の計上にあたって，個人所得税や社会保険料の計算過程にかかる知識を有する人事担当者を雇用することが望まれる。人事担当者と会計担当者が連携することにより，適正な労務費を会計計上できる仕組みを確立する。

3-3　労務費の期間帰属

チェック手続内容	問題有	問題無	該当なし
労務費（残業代等手当含む）の計算期間と会計期間が一致していることをヒアリングにより確かめる。必要に応じて未払給与が計上されていることを確かめる。			

【チェックの趣旨】

　上述の3-2「労務費の把握，集計状況」に記載したとおり，ほとんどの中国現地法人において労務費の計上自体は毎月実施されている。しかしながら，月次の会計期間と労務費計算期間にズレが生じていないかをチェックする趣旨である。

【よくある問題点】

　従業員が数百人いるにもかかわらず，エクセル等を用いた手作業により各従業員の労務費計算を行っている場合，集計までに非常に時間がかかる。特に残業代や深夜手当，遅刻にかかる減給等について従業員毎に正確に計算し，従業員からのクレームが生じないようにするために，計算とそのチェックに時間をかけている。そのため，当月の損益計算書や原価計算表に計上される労務費は，前月の労務費（つまり1カ月ズレ）が生じているケースがある。

　また，これらの手間と時間がかかることを想定して，あらかじめ給与計算期間を前月16日から当月15日までというように設定している事例も多く見受けられる。この場合，労務費計算期間には余裕があるが，会計上に反映される労務費が半月ズレるという弊害も生じる。

【改善事例】

　まず，残業代等手当を含む労務費の計算に際しては，月1回計算・集計するのではなく，その回数を増やす（例えば1週間に1回）ことが考えられる。これにより，月初における労務費集計の作業負荷を分散させることができる。

　また，各従業員に支払う給与額の計算と，会計上の労務費計算を分けて考えることにより，労務費計算の早期化を図ることも考えられる。すなわち，各従業員に支払う実際給与額については正確性が重視されるため，従来どおり時間をかけて計算するものの，会計上の労務費計算については労務日報の作業時間合計数値に標準労務費単価を乗じることにより計算するといった方法を採用する。この方法による場合，後日計算された実際給与支給額と標準労務費の差額は，翌月決算にて労務費に計上する。

3－4　社会保険料の計上，納付状況

チェック手続内容	問題有	問題無	該当なし
社会保険料が適切に算定され，適時に会計計上及び納付されていることを伝票閲覧により確認する。			

【チェックの趣旨】

　中国の社会保険料は，養老保険，医療保険，失業保険，労災保険，生育保険，住宅公積金から構成され，給与基数に対して会社負担が合計約31.5％（地域によって異なる）に加えて，個人負担が合計約10.5％（地域によって異なる）となり，きわめて高い率となる。これらに対して適切に計算がなされ，会計計上及び納付がなされていることをチェックする趣旨である。

【よくある問題点】

　上述のとおり中国の社会保険料は人件費の高い割合を占めることになる。そのため，計算に際しての給与基数を実際の給与支給額よりも意図的に低く設定して社会保険料を過少計上・納付するといったコンプライアンス違反も多く見られる。この場合，不利益を被る従業員から社会保険料加入不足を労働保障局に訴えられるリスクも生じる（特に従業員の退職時に多い）。

　一方で，特にワーカーとしては，社会保険料にかかる個人負担分が給与から控除されることを嫌がり，社会保険への加入を拒否するケースも見受けられる。低コストで労働力を募集するという理由から，ワーカーの要求に流され，社会保険料を納付していないケースも少なくない。

【改善事例】

　社会保険料の適正納付については，中国人従業員の間でも賛否両論がある。コンプライアンスを重視するのであれば，適切な給与基数に基づき社会保険料を計算・納付する必要がある。

　また，社会保険料の個人負担控除を嫌がる従業員に対しては，給与額面を増加させることにより，個人負担額を実質的な会社負担額とし，従業員の手取り給与額を維持する方法も考えられる。会社の労務費負担は増加するが，コンプライアンスについてはクリアできる。

3−5　個人所得税の計上，納付状況

チェック手続内容	問題有	問題無	該当なし
個人所得税が適切に算定され，適時に会計計上及び納付されていることを伝票閲覧により確認する。			

【チェックの趣旨】

　中国の個人所得税に関する法令・通達に基づき，適切に計算・納付されていることを確認する趣旨である。

【よくある問題点】

　2011年9月1日から中国人の個人所得税基礎控除額が3,500人民元に引き上げられ，当金額以下の給与額（額面）の従業員は実質的に免税となる。また，中国の平均的なホワイトカラーの給与額（約10,000人民元）の場合でも，個人所得税は比較的少額であるため，上項の社会保険料に比して意図的な脱税が行われているケースは少ない。

　しかしながら，個人所得税の計上漏れのケースとして，出張手当や年度末現金賞与等，不定期に支給される現金給与に対して，課税対象として計算されていないケースがある。

【改善事例】

　算定した個人所得税について，定期的に会計師事務所等の第三者によるチェックを受けることにより，税務調査による追徴課税を未然に防ぐことが望まれる。

第Ⅳ章　チェックリストの詳細

【参考４：個人所得税の計算方法】

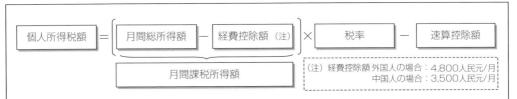

【税込み給与額の税率表】（国税発［2011］46号）

計算標準級数	月間課税所得額(＝月間総所得額−経費控除額)（人民元）		税率(%)	速算控除額（人民元）
	下限(超)	上限(以下)		
1	0	1,500	3	0
2	1,500	4,500	10	105
3	4,500	9,000	20	555
4	9,000	35,000	25	1,005
5	35,000	55,000	30	2,755
6	55,000	80,000	35	5,505
7	80,000		45	13,505

【計算例】：外国人（日本人），月間総所得額30,000人民元（税込み）の場合
（月次給与額30,000元−経費控除額4,800元）×税率25％−速算控除額1,005元
＝個人所得税額5,295元

3−6　外国籍従業員の個人所得税の計上，納付状況

チェック手続内容	問題有	問題無	該当なし
外国籍従業員について個人所得税が適切に算定され，適時に会計計上及び納付されていることを伝票閲覧により確認する。			

【チェックの趣旨】

　多くの日系中国現地法人において，中国人の給与計算過程と外国籍従業員（日本人）の給与計算過程は別建てとなっている。この場合，中国人の給与計算と社会保険料及び個人所得税計算については上述のとおりであるが，日本人のそれらについては別途チェックが必要となる。

【よくある問題点】

　まず，多くの日本人出向者においては，日本で支給される給与と中国国内で支給される給与の2種類がある。また，出向者給与の負担も日本親会社負担分と中国現地法人負担分の2種類があり，これは日本国内支給額と中国国内支給額の割合とは必ずしも一致しない。このような状況において，中国税務局に申告する給与額はいくらにすべきかについて混乱が生じているケースがある。

　中国個人所得税法実施条例第5条によると，中国税務局に申告すべき「対価所得とは，中国で勤務することによって得られる対価であって，支払地は問わない」と規定されているため，日本人出向者としてのあるべき申告所得額は，給与の支給地（日本か中国か）や負担割合（日本親会社負担か中国現地法人負担か）にかかわらず，全ての給与所得額を中国税務局に申告することが原則である（例外として183日ルールがある）。

　しかしながら，日本の所得税率と比べ中国の個人所得税は高額になる傾向があるため，一部の給与所得額（例えば，中国国内支給分）のみを中国税務局に申告しているケースがある。この背景として，日本人出向者が中国の個人所得税制度を十分に理解していないことが挙げられる。

【改善事例】

　上述の中国人に係る個人所得税計算の改善事例と同様に，算定した個人所得税について，定期的に会計師事務所等の第三者によるチェックを受けることにより，税務調査による追徴課税を未然に防ぐことが望まれる。

3-7　賞与引当金の計上状況

チェック手続内容	問題有	問題無	該当なし
賞与支給が見込まれる際，月次で賞与引当金（又は未払賞与）が計上されていることを確認する。			

【チェックの趣旨】
　賞与費用が適切な期間帰属に基づいて計上されているかをチェックする趣旨である。

【よくある問題点】
　中国現地法人においては賞与引当金（又は未払賞与）が計上されず，賞与支給月に一括して費用計上されているケースが多い。その背景としては下記の理由が挙げられる。

　①日本と異なり，中国では賞与は必ずしも支給されないことがある。②賞与支給方針が経営層に専任されている場合に，会計担当者では賞与支給額を見積もることができない。③賞与支給額が年間1～2カ月程度の給与相当額であるため，金額的重要性が日本と比較して高くない。また，中国における人件費が比較的安いことも背景である。

　中国でも賞与引当金は税務上損金不算入であるため，税務会計を主とする中国会計においては計上の必要性が認識されていない。

【改善事例】
　まず，賞与支給見込額については，会計担当者に見積もらせるのではなく，経営計画を管轄する経営層から会計担当者に伝達する必要がある。また，金額的重要性を勘案の上，会計上賞与引当金（又は未払賞与）を計上する旨を決算マニュアル等に規定し会計担当者に周知させる。

　中国では貸借対照表に計上する勘定科目が政府通達で定められている。通達上は「賞与引当金」という勘定科目は存在しない。そのため，「未払給与（中文：応付工資）」科目の内訳科目で計上する方法が受け入れられやすい。

　また，賞与支給見込額と実際支給額の間には差異が生じることが通常である。この差異金額については，支給時において損益計上することで足りる旨，会計担当者に説明する。そして，税務上の対策として，賞与を会計年度末である12月末までに支給することで当年の損金に算入することも考えられる。翌年支給する場合は，未払賞与額について税務申告書上で加算する。

3-8 人事担当者と会計担当者との連携状況

チェック手続内容	問題有	問題無	該当なし
人事担当者は，会計担当者に適時に必要資料を提示し，問い合わせにも的確に回答する等の連携が取れているかについて，ヒアリングにより確かめる。			

【チェックの趣旨】

　適切な会計記録ひいては財務諸表の作成を行うためには，各部門（当項目の場合は人事部門）から適時かつ適切なデータが会計部門に伝達される必要がある。

【よくある問題点】

　人事担当者と会計担当者は，同じ管理部門として比較的連携がよくできているケースが多い。また，人事担当者においても会計の知識を有している場合が多く，両者の連携を一層スムーズにする。

　しかしながら，会計上の期間帰属と人事上の給与計算期間を整合させるという要請に対しては，上述の残業代手当や社会保険料，個人所得税計算の手間から必ずしも両者の協力関係が得られないケースもある。

【改善事例】

　人事担当者は適時に適切な給与手当及び社会保険料等データを会計部門に提出するよう，業務フローの形式で手続を明確化する。業務フローは人事担当者，会計担当者及び経営層立会いの下でその内容を確認し，周知とその運用に係る合意を行う。また，決算に際して必要な資料名や提出期限を一覧表形式で会計部門から人事部門に事前に提供することが望ましい。

3－9　労務日報の収集状況

チェック手続内容	問題有	問題無	該当なし
労務日報が適切に記載され，上席者の承認サインを経た上で財務部に提出されているかをサンプリングとヒアリングにより確かめる。			

【チェックの趣旨】

　製品種類別原価計算や個別原価計算を採用する場合，労務費等加工費の配賦基準としては直接作業時間が挙げられる。各製造部門ワーカーが製品種類別に何時間直接作業を行ったかを記録する資料である労務日報の記載状況と，その集計状況をチェックする趣旨である。

【よくある問題点】

　労務日報自体が記録されていないケースが多い。その背景として，製造部門ワーカーが数百人規模になり，かつ人員の入れ替わりが激しい場合は，労務日報の記録を周知徹底することが困難である。

　また，労務日報を記載している場合でも，1カ月に一度まとめて記載するような場合は，現場ワーカーの記憶に基づいて記録することになり，労務日報記載時間の精度が低くなる。

　労務日報に記載する労務時間は，ワーカーの残業時間の申告にもかかわるものであり，当該記録の承認に際して上司とワーカーの間で残業代を認める，認めないの争いが生じるケースもある。

【改善事例】

　労務日報は誰でも記載できるよう，できるだけ単純な形式とし，また新入社員研修においてその記載方法を説明する。

　また，労務日報は1カ月まとめて記載するのではなく，日々記載するとともに，日々上席者の承認を受けることにより，記録の正確性を確保する。

　労務日報を人事部門又は会計部門に提出する手続やタイミングを業務フローに記載し，製造部門，人事部門及び会計部門のリーダー及び総経理の協議によって周知させ，運用を徹底させる。

3-10　銀行振込データと給与台帳の一致状況

チェック手続内容	問題有	問題無	該当なし
承認済みの給与台帳と銀行振込データを照合することにより，給与台帳と異なった振込みがなされていないかどうかを確かめる。			

【チェックの趣旨】

　毎月の給与台帳は総経理までモニタリングの上承認サインを記載しているとしても，その後の銀行振込データ上で各従業員の給与額を改ざんされていないかを確かめる趣旨である。

【よくある問題点】

　給与台帳上の給与額と銀行に振込依頼を行う振込データ上の給与額が，総額では一致しているが従業員別明細の金額が異なる。人事責任者が独断で特定の従業員に有利となる振込額に変更しており，同時に不利となる振込額にされている従業員もいる。

【改善事例】

　通常，従業員数が数十人以上になる場合，従業員ごとに給与振込オペレーションを行うのではなく，銀行から給与振込専用のスプレッドシートを提供される。このスプレッドシートに従業員名，口座番号，振込金額を入力して銀行が設置する専用のインターネット画面にアップロードすると，全従業員の給与振込オペレーションが一括で行われる仕組みとなっている。銀行は給与振込データの受領データを指定された者のＥメールアドレスに送信し，データ伝送障害の有無を確認することが一般的である。

　会社としてこれら一連の給与振込オペレーションは，従業員ごとの給与額を秘匿する目的から人事部等ごく限られた者により行われることが通常である。しかしながら牽制モニタリングのために銀行から回付される受領データの送信先を総経理等経営層のＥメールを入れておくことが考えられる。もちろん，総経理等が毎月全ての従業員の給与額の正確性を個別に確認・チェックすることは現実的ではないが，不定期にサンプリングでもチェックすることによって，牽制モニタリングがなされていることを人事部門に対して示すことができる。

3-11　給与・賃金の支払状況

チェック手続内容	問題有	問題無	該当なし
給与・賃金が適時に支払われ，また支払額についてのクレームの有無，対応状況についてヒアリングにより確かめる。			

【チェックの趣旨】

　毎月の給与・賃金を適時に支払うことは当然であるが，加えて従業員からのクレームの有無や対応状況をチェックする趣旨である。

【よくある問題点】

　人事部門における残業代等手当の計算誤りにより，従業員からのクレームと給与支給額の修正が頻発するケースがある。

　また，現場ワーカー等一部の従業員に対して，銀行振込ではなく現金支給で給与を支給しているケースもある。この場合，退職した従業員が給与を取りに来ず，会社金庫の中や人事担当者の引出しの中で現金が保管され続けていることもある。

【改善事例】

　従業員からのクレームについては，人事部門において台帳を作成し，その内容，対応策について記録する。計算誤りの頻度や修正に係る業務負荷が高いようであれば，ＩＴを利用した給与計算システムの導入を検討する。

　また，給与は原則として銀行振込により支給するようルール化する。銀行口座を持たない従業員に対しては，自身の銀行口座を開設するよう指示する。

3-12　人事考課の状況

チェック手続内容	問題有	問題無	該当なし
昇格，昇給等が定められた人事考課規程に基づき行われており，恣意的な昇格，昇給等が行われていないかどうかを資料閲覧及びヒアリングにより確かめる。			

【チェックの趣旨】

近年中国では人件費の高騰が著しい。毎年従業員の給与の増額が行われることが通常である。また，従業員の成果に応じて役職を昇格させることも従業員のやる気と会社への帰属意識を高めるために有効である。

適切な昇給と昇格は必要であるが，これらが所定のルール（人事考課規程）に基づき行われており，恣意的になされていないかどうかを確かめる趣旨である。

【よくある問題点】

人事考課規程がない。又は人事考課規程はあるが形式的となっており，事前に従業員に周知されていない。昇給・昇格は毎年行われているが，仕事の成果と連動せずに上司のえり好みで従業員ごとの昇給額や昇格が決定されている。

この場合，昇給・昇格しなかった従業員の不満がたまり，社内の雰囲気が悪くなる。また従業員の退職が増加する背景となる。

【改善事例】

人事考課規程を策定し，入社時に従業員に面談で説明する。通常，人事考課規程は従業員自身による年度目標の設定，年度終了後の自己評価，それに対応する上司の評価を書面（人事考課表や目標設定シート）に記載することとなっている。

経営層は，全ての従業員にかかる人事考課表に目をとおし，従業員別の目標設定，達成度合い，それに対する上司の評価アドバイスが適切になされているかを確かめる必要がある。従業員が多数となる場合は業務負荷が高く，また人事考課表が中国語で記載されている場合は困難であるが，年1度の経営層の役割として重視されたい。

3−13　各管理台帳と総勘定元帳との一致

チェック手続内容	問題有	問題無	該当なし
給与台帳，未払個人所得税台帳等の諸台帳の期末残高と，会計システムの各勘定科目残高が一致していることを毎月確認しているかについて，ヒアリングにより確認する。			

【チェックの趣旨】

　基本的に，人事部門が作成した給与台帳に基づいて，会計上の給与，未払給与，未払社会保険料といった勘定科目残高が計上されているため，月々の給与データ等を管理している給与台帳と，会計システム残高は一致するはずである。

　しかしながら，データの転記誤りや漏れを防ぐためには，月次決算に際して諸台帳と会計システム残高を事後的に照合し，データ連携の正確性を検証する必要がある。

【よくある問題点】

　会計担当者及び会計責任者は，各種台帳と会計システム残高を照合しているが，その証跡（確認サイン）を記載していない。

【改善事例】

　決算マニュアル等に，会計システム残高と照合すべき台帳の種類，照合時期，担当者を記載し，関係者に周知させる。また，照合・確認を行った担当者又は責任者は，帳票に確認した旨のサインと日付を記載することを徹底する。

4 販売管理

4-1 引合い情報の一元管理状況

チェック手続内容	問題有	問題無	該当なし
各営業担当者が保有している顧客からの引合い情報は，営業部長等の権限者に伝達され，会社全体としての営業戦略を検討できるよう，一元管理されていることを資料閲覧及びヒアリングにより確認する。			

【チェックの趣旨】

　近年，日系企業も中国市場に自社の製商品を売り込んでいく傾向が高まっている。そのために多数の中国人営業担当者を雇用し，顧客への営業アプローチを行う事例が多くなってきている。

　営業担当者としては，各自が得た顧客からの引合い情報はライバルとなる同僚には開示しない傾向がある（日本でも同様である）。特に，受注獲得に伴う成果が給与や賞与査定に影響している場合，営業担当者は単独で顧客と折衝し受注獲得に努力しようとするが，案件によっては1人の営業担当者で顧客と折衝するよりも会社全体で顧客と折衝する方が効果的な場合もある。

　各営業担当者が入手した顧客からの引合い情報が，営業部長等一定の権限者のもとで一元管理されており，会社全体として営業戦略を検討できるようになっているかどうかをチェックする趣旨である。

【よくある問題点】

　顧客からの引合い情報が営業部門で一元管理されていない。

　受注獲得プロセスは各営業担当者個人に任されている。担当者によっては普段どこに行っているのかわからない者もいる。全体の引合い情報を管轄すべき営業部長も営業進捗状況を把握しておらず，営業担当者個人の能力や人脈に依存しているのみである。結果として，ライバル会社の営業体制に後れをとることとなる。

【改善事例】

　各営業担当者に週次又は月次で営業レポートを作成させ，営業部長に提出するようにする。その中で，金額の大きい引合い案件については，チームで顧客にアプローチする等の対策を講じることができるようにする。

また，チームで受注を獲得した場合のコミッション分配方法についてもルール化し，各営業担当者の合意を得る必要がある。

本チェック項目は直接財務会計業務とは関連しないが，受注額の多寡は間接的に売上高に影響するため，記載した。

4－2　与信管理の状況

チェック手続内容	問題有	問題無	該当なし
中国現地法人の意思で販売を行う際，事前に与信調査や与信限度額の設定が行われており，営業担当者に周知されていることを資料の閲覧及びヒアリングにより確認する。			

【チェックの趣旨】

　中国現地法人において営業活動を行うに際して，売上代金回収を確保するために，事前の与信調査や与信限度額の設定がなされているかどうかを確認する趣旨である。

【よくある問題点】

　与信管理制度が整備・運用されている中国現地法人は少ない。その背景として，従来は日本親会社向けに売り上げる場合や販売先を日本親会社から指定されている場合が多く，中国現地法人の意思で販売先を決定する機会が少なかったためである。

　しかしながら，最近の日系企業の動向として，中国国内マーケットに自社製品を販売していくのであれば，売上代金の回収を確保するために適切な与信管理方法の整備が必要となる。

【改善事例】

　中国現地法人の販売状況に応じた与信管理規程を策定し，営業担当者に周知させる。また，与信判断にあたっては，調査項目と調査結果を書面に記録し，与信判断の経緯を明確にする必要がある。

　与信調査項目としては，顧客の性質（一見客か継続顧客か），顧客の財務状況，顧客の評判（経営者の誠実性や内部統制の構築状況）等が挙げられる。また信用度が低いと判断される顧客に対しては，前受金での代金収受を求める等，販売代金回収方法についても与信管理規程に盛り込む。

4－3　顧客マスタの設定状況

チェック手続内容	問題有	問題無	該当なし
販売管理に係るITシステムを導入している場合，顧客マスタ・データの入力時にプルーフリストのアウトプット等により入力データの正確性を確認していることについて，資料閲覧及びヒアリングにより確かめる。			

【チェックの趣旨】

　前述の４－２「与信管理の状況」において，顧客の信用状況を適切に調査し取引開始について経営層の承認を得ていたとしても，販売管理システムに登録する顧客マスタ・データが誤っていれば当該顧客との取引を正常に入力・処理することができない。

　販売管理システムに顧客マスタを登録する際は，新規顧客調査票等の書面に基づき正確に入力され，また上席者による確認証跡が残されているかを確かめる趣旨である。

【よくある問題点】

　極端な場合，新規顧客承認票に記載されている顧客名称と販売管理システムに登録されている顧客名称が異なる。あるいは，経営層による新規顧客の承認が行われていないにもかかわらず，営業担当者が独断で顧客マスタを登録している。

　これらの場合，往々にして営業担当者の縁故企業が登録されている。すなわち，正規の顧客と当社のあいだに縁故企業を不当に介在させ，マージンを得るという不正を行い得る。また，販売管理システムに偽の顧客マスタを登録すると，製商品を当該偽顧客に出荷するという不正オペレーションも可能になる。

【改善事例】

　もっとも厳密な方法は，経営層の承認サインが記載された新規顧客承認票に基づき，IT部門（つまり購買部門とは異なる部門）の担当者が仕入先マスタを登録するルールを策定することである。

　しかしながら，中国現地法人の場合独立したIT部門が設けられていないことも多い。どうしても営業部門担当者が登録する場合は，財務会計部門責任者が売上計上段階で顧客マスタと新規顧客調査票を照合し正しく入力されているかどうかを確認することも考えられる。

　また，登録マスタの承認方法については，マスタ登録画面を紙にアウトプット（プルーフリスト）して承認サインを記載する方法が考えられる。ITシステムの種類に

よってはマスタ入力後に上席者が画面上で承認オペレーションを行うことができるものもある。

4－4　製商品マスタ・データの入力確認状況

チェック手続内容	問題有	問題無	該当なし
販売・在庫管理に係るITシステムを導入している場合，製商品マスタ・データの入力時にプルーフリストのアウトプット等により入力データの正確性を確認していることについて，資料閲覧及びヒアリングにより確かめる。			

【チェックの趣旨】

　ITシステムを導入している場合，各種マスタ・データ入力の正確性は非常に重要となる。商製品マスタ・データに関しては，商製品コード，名称，規格，数量単位等が構成項目となる。これらの入力が誤っていると，関連する製商品種類別の入庫データ，出荷データ，売掛金計上データ，売掛金回収データ等も適正に入力できなくなる。

　ITシステムへのマスタ・データ入力に係る正確性のチェック方法としては，システムからプルーフリストをアウトプットの上，上席者等第三者による入力確認を行うことが代表的である。これら統制が行われているかどうかをチェックする趣旨である。

【よくある問題点】

　マスタ・データの入力確認手続が行われていない。製商品については，生産管理部門等の担当者がITシステムにマスタ・データ入力を行っているが，担当者1人の目視確認に依存しており，プルーフリストのアウトプットや第三者による確認サインは残されていない。

　製商品マスタ・データの入力誤りや入力洩れが生じている場合，倉庫担当者は在庫管理システムに製品の入出庫データや棚卸データを入力することができない。そのため，倉庫担当者は在庫管理システムを利用することなく，独自でExcelによる製品入出庫管理台帳を記帳する。しかしながら，Excel台帳も手作業で記帳しているため入力誤りが発生することもあり，結果として在庫管理システム上の製品残高とExcel台帳上の製品残高が異なるという事態が発生する。財務会計部門としては，どちらの製品台帳のデータに基づき会計処理を行ってよいか混乱する。

【改善事例】

　製商品マスタに限らず，全てのマスタ・データを入力する際は，システムへの入力データを確認する手続を行う必要がある。確認方法としては，上述のプルーフリスト

をシステムから紙ベースでアウトプットし,上席者等第三者による確認サインを記載することが一般的であるが,システムによっては画面上で第三者の承認入力を行う機能が備わっているものもある。

　また,半年に一度程度はITシステム内のマスタ・データの棚卸を行い,今後利用する見込みのない製商品マスタ・データは削除する等のメンテナンスを行うことが望ましい。

4-5　販売価格の設定状況

チェック手続内容	問題有	問題無	該当なし
販売に際して販売価格の標準が定められ，逸脱する場合には上席者の承認記録が残されていることを資料の閲覧及びヒアリングにより確かめる。			

【チェックの趣旨】

　自社製品・商品の販売価格の標準がなければ，営業担当者の個人的判断や顧客からの圧力によって採算割れの価格によって販売されるリスクがある。また，例えば，試供品の販売や大規模受注にかかる値引き等，合理的な理由で販売単価を値引く場合があるが，その場合でも，どの程度値引きを行うかについては会社内での適切な承認プロセスと意思決定にかかる記録が必要である。

【よくある問題点】

　販売価格の標準がない。その背景として，従来において販売価格の設定は中国現地法人ではなく日本親会社により行われていたことが挙げられる。上述の与信管理の状況と同じく，中国国内マーケットに進出するのであれば，中国現地法人独自で販売価格を設定できるプロセスを構築する必要がある。

　また，適切な製品別原価計算を行っていないため，製品1単位当たりの原価を計算できず，ひいては厳密な販売価格の設定もできない事例も多い。

【改善事例】

　販売価格の標準を設定し，値引きを行う場合は金額基準によって適切な権限者の承認を経る旨を規程に明文化し，営業担当者に周知させる。

　販売価格標準の設定にあたっては，競合他社の販売価格設定状況や顧客ターゲット層，自社ブランドの状況に加え，製品原価と適正利益率を考慮する。

　適切な製品原価計算制度の構築については，「5　原価計算」を参照されたい。

4－6　製商品出荷の承認状況

チェック手続内容	問題有	問題無	該当なし
製商品を出荷する際，営業担当者や倉庫担当者の独断ではなく上席者の承認が得られていることを，資料閲覧及びヒアリングにより確かめる。			

【チェックの趣旨】

　会社の重要な財産である製商品は担当者の独断で恣意的に持ち出し・出荷してよいものではない。

　通常，製商品の出荷手続は「顧客からの受注データ」というトリガーに基づきなされる。製商品の出荷に際しては，この受注データに基づき出荷していること及び，担当者独断ではなく上席者等第三者の承認を得て行っていることを確かめる趣旨である。

【よくある問題点】

　営業担当者又は倉庫担当者の独断で顧客に出荷している。

　営業担当者は原則として「顧客からの受注データ」に基づき倉庫担当者に出荷指示を行っているが，倉庫担当者は受注データを把握しておらず，営業担当者からの指示を鵜呑みにして出荷せざるを得ない。この状況では，営業担当者が恣意的に正規の顧客以外の者の住所に出荷を行うリスクがある。また，顧客と結託して受注量より多く出荷し，営業担当者は顧客から不正にリベートを収受するということも可能になる。

【改善事例】

　営業担当者は顧客の受注データや状況を勘案しながら倉庫部門に出荷指示を出すものの，倉庫部門においても「顧客からの受注データ」を閲覧し，受注の範囲内で出荷指示がなされているかを確認する必要がある。ITシステムを利用すれば，営業部門で入力した受注データを倉庫部門はシステム画面上で随時に閲覧することができる。これにより部門間の牽制が確保されることとなる。

　また，ITシステムを利用しない場合でも，出荷指示書には営業担当者のサインのみならずその上席者の承認サインを記載させる。倉庫担当者は営業担当者と上席者のサインをみてから製商品の出荷手続を行うということも考えられる。

4-7　製品出荷事実と会計記録の整合性

チェック手続内容	問題有	問題無	該当なし
財務部は製品出荷又は顧客による検収事実を把握しており，当該事実に基づいて売上を計上していることをサンプリングで確かめる。			

【チェックの趣旨】

　発生主義に基づく会計上の売上計上がなされているかどうかをチェックする趣旨である。併せて，出荷事実がないにもかかわらず売上を計上するという架空売上がなされるリスクへの対応状況を確認する。

【よくある問題点】

　中国税務上の基準に引きずられて，出荷記録とは関係なく，領収書（中文：発票）の発行時に売上を計上している事例も少なからずある。

　また，経営層による口頭指示のみをもって財務会計上の売上を計上している事例もある。このような場合，売上高計上の適時性を立証する資料が会社に残されていない。

【改善事例】

　倉庫部門が発行する製品・商品の出荷伝票は複写式とし，1枚を財務会計部門に回付することにより，製品・商品の出荷データが財務会計部門に伝達される経路・手続を確保する。また，財務会計部門は，製品・商品の出荷数量に販売単価を乗じることによって売上高を計上する。値引きがなされる場合は，上述の**4-5「販売価格の設定状況」**に係る規程に従う。これら一連のプロセスを業務フローに記載することが望まれる。

　また，販売に係る情報伝達及び販売数量×販売単価の計算にあたっては，ＩＴシステムを導入することも有効である。

4－8　前受金の管理状況

チェック手続内容	問題有	問題無	該当なし
顧客との契約書上，前受金を収受してから製商品を出荷する約定となっている場合，都度の出荷前に前受金を収受していることを確認していることを，資料閲覧及びヒアリングにより確かめる。			

【チェックの趣旨】

　中国市場で販売する場合，契約書上前受金取引としていることが多い。であれば，約定に沿って前受金の入金を確認してから顧客に製商品を出荷する必要がある。前受金入金確認にかかるオペレーションが適切になされていることを確認する趣旨である。

【よくある問題点】

　顧客から前受金を収受していないにもかかわらず，製商品を出荷している。結果として売掛金取引となっており，不測の貸倒れが生じるリスクがある。

　顧客側でも財務会計部門と購買／製造部門間の連携が取れておらず，前渡金支払いが遅れているにもかかわらず発注のみ行ってくる。あるいは，顧客側から「生産の都合で緊急に部材を仕入れる必要がある。財務会計部門からの支払手続が間に合わないので特例で先に納品してほしい」という要望がくることもある。

　これら顧客の要望については，当社営業部門としてきっぱり拒絶することが契約に沿ったセオリーであるが，顧客の要望であるため仕方なく応じているケースもある。

　さらには，顧客に意図的に便宜を図ることによって，営業担当者が顧客からリベートや接待を個人的に受けているケースもある。

【改善事例】

　顧客から前受金を入金された事実を最初に知るのは財務部門担当者である。銀行残高を随時モニターし，顧客からの入金情報を適時に営業担当者に伝達することからはじめる。

　次に，営業担当者が受注データと前受金入金データに基づき出荷指示を行うが，上席者が契約書に沿った条件のもと出荷指示がなされているかを確認の上出荷指示票を承認する必要がある（4－6「製商品出荷の承認状況」を参照）。

　顧客から「緊急で（前受金を収受していない時点で）納品を行ってほしい」という要望がくることもある。画一的に断ることも考えられるが，継続的に取引を行っている

顧客の要望をむげに断ることができない営業現場の状況もある。その場合は，特例取引として営業部長等上席者の承認を得た上で出荷する必要がある。

　長期間安定的に前受金取引を継続してもらった顧客については，顧客の与信調査を行い与信限度額を設定の上売掛金取引に変更することも営業の現場にとって支援になる。

4-9　返品の受入状況

チェック手続内容	問題有	問題無	該当なし
顧客からの返品につき，適正なチェック，承認を経た上で受入れを行い，その事実を適時に財務部に伝達していることを資料閲覧とヒアリングにより確かめる。			

【チェックの趣旨】

　顧客からの返品を全て受け入れることはない。返品の理由が自社の責任であるのか，運送会社の責任であるのか，それとも顧客の責任であるのか（発注誤り等）を分析した上で，返品を受け入れるかどうかの判断を行う。

　ここでは，顧客からの返品事実がまず把握され，返品を受け入れるかどうかの検討記録，その結果を財務会計部門に伝達するプロセスの有無をチェックする趣旨である。

【よくある問題点】

　返品を受けた場合，営業部門又は倉庫部門の判断で代替品を顧客に発送し，これで問題解決としている事例がある。返品を受け入れるべきかどうかの判断を行った証跡資料もなければ，クレームへの対策検討表も作成されない。

　また，返品データが財務会計部門に伝達されないため，販売案件ごとの売上高と売上原価の対応が不明確になる。さらには，売上代金の請求書金額から返品額が控除されないため，顧客からのクレームが追加される場合がある。

【改善事例】

　顧客から返品を受けた場合は，現物を倉庫内の返品置き場に保管し，営業部門や品質管理部門にその事実を伝達する。営業部門が顧客と連絡を取り，クレーム管理表に返品状況，顧客からのクレーム内容，今後の対策を記載する。返品発生の責任が当社にあることが判明した場合は，クレーム管理表にその旨及び売上減少額を記載し財務会計部門に回付する。財務会計部門は会計上の売上及び売掛金の取消し又は修正を行う。

　これら一連のプロセスを業務フローに記載し，関連部門（倉庫部門，営業部門，品質管理部門，生産管理部門，財務部門，経営層）に周知させることが望まれる。

4-10　受注残数量の管理状況

チェック手続内容	問題有	問題無	該当なし
顧客からの受注数量と出荷数量を照合し消込みを行うことにより，受注したにも関わらず未出荷となっている受注口がいくらあるかが明確になっていることを，資料閲覧及びヒアリングにより確かめる。			

【チェックの趣旨】

　顧客からの要望に基づく出荷納期は遵守する必要があるが，生産の状況等によりやむを得ず納期遅れとなることもある。その場合，生産管理部門による生産時期調整，営業担当者を通じた顧客への新納期の伝達等が必要になる。

　また，顧客へ適時に出荷したとしても，自社内で出荷データの入力・記帳の遅れや洩れが生じていることもある。その場合は，出荷手続処理の遅れ又は洩れの有無を確認し，適時に是正する必要がある。

　これらのコントロールが行われるためには，受注データと出荷データの照合による受注残管理がリアルタイムでなされている必要がある。

【よくある問題点】

　会社全体としての受注残管理がなされていない。

　営業担当者は自身が顧客から受注した案件に対して，適時に製品の出荷がなされたかどうかを確認しているが，個人ベースの管理となっている。多数の受注案件を抱えていると，出荷自体の指示洩れが発生していることや，顧客からのクレームに対応して緊急で出荷することもある。適切に出荷したにもかかわらず顧客の錯誤により督促がなされている場合は，二重出荷のリスクも生じる。

　また，受注データは出荷予定データとなる。受注データと出荷データを照合することにより，在庫管理システムへの出荷データ入力洩れ及び売掛金計上洩れが判明する。この照合手続がなされていない場合，売掛金／売上の集計洩れが生じ，入金すべきキャッシュの取洩れが生じるリスクがある。

【改善事例】

　受注データと出荷データを照合することによる受注残管理を会社全体で行い，一元的に管理する。

　通常，受注データは営業部門が保有しており，出荷データは倉庫部門が保有してい

る。両部門のデータを照合するためには，照合担当者，照合するために必要なデータ内容，照合時期，納期遅れが判明した場合の連絡先，顧客への連絡担当者等を業務フローの形で明確にして関連者に周知させる必要がある。

　発注頻度及び出荷頻度が多い場合は，必要に応じて購買・在庫管理システムを導入することにより，リアルタイムの発注残管理が可能となる。

4－11　クレームの処理状況

チェック手続内容	問題有	問題無	該当なし
顧客からクレームがあった場合，書面でその記録を残し，経営層や経営会議に伝達，協議されていることを資料閲覧とヒアリングにより確かめる。			

【チェックの趣旨】

　顧客からのクレームは，改善のための重要な情報として記録され社内に蓄積されているか。クレームの内容のみならず，その原因分析，改善策の協議結果，対策に要するコスト，顧客への説明結果，経営層の承認証跡が記録されているかどうかをチェックする趣旨である。

【よくある問題点】

　顧客からクレームを受けても，その記録が残されていない。営業部担当者が個人的に製造部担当者と協議し，その場しのぎの製品の手直し又は代替品の発送により対応している。

　クレームの内容として，不良品，品違い，数量不足，納期遅れ，顧客とのコミュニケーション不足等が挙げられるが，これらが明確になると責任の所在が明確になる。そのため，担当者は意図的にクレーム記録票のような資料を作成せず，その場しのぎで対応し，クレームの存在を経営層に報告しない。

　その結果，クレームへの対策ノウハウが蓄積，共有されず，同様のクレームが再発する。

【改善事例】

　クレーム報告書のフォーマットを作成し，顧客からのクレームを最初に受ける営業担当者がその内容を記録する。

　緊急のクレーム対応を行うことに加え，週又は月に一度，又は任意の時期にクレーム対策会議を開催し，関連部門担当者を集めてクレームの原因分析及び対策をクレーム記録票に記載する。クレーム記録票は経営層に回付され，その内容，原因，今後の対策及び対応コストについて報告と承認を受ける。

　これら一連の手続について業務フローを作成し，関係担当者との協議を通じて周知させる。

【参考5：クレーム管理票のフォーマット例】

クレーム記録票

No. _____

総経理	経理	課長	作成者

クレーム受付日	20××年	2月	14日	10時	15分
顧客名					
クレーム内容	■品違い　□不良品 □数量誤り　□納期遅れ □その他 _____			【顧客からのクレーム内容の詳細を記載】	

原因分析

【調査の内容】

【調査結果】
　　□営業課による出荷指示誤り　□品質不良　□その他
　　■倉庫による箱詰め誤り　　　□客先の錯誤　_____

【調査結果の詳細を記載】

【顧客への対応】
・顧客の担当者に連絡し，早急に代替品を出荷することを伝えた。
・誤出荷の製品を返送していただくよう依頼した。

【社内の対策】
・倉庫担当者○○から罰金30元を徴収した。
・修正後の出庫票を作成するよう倉庫担当者に指示した。
・物流部課長に倉庫配置図と実際の商品置き場を再確認するよう依頼した。

回復オペレーション確認		実施者
誤出荷時の出庫票の入手	□済み　出庫票番号＿＿＿＿＿＿＿＿	
代替品出荷に伴う納品書の発行	□済み　送貨単番号＿＿＿＿＿＿＿＿	
代替品出荷に伴う出庫票の入手	□済み　出庫票番号＿＿＿＿＿＿＿＿	
返品入庫に伴う入庫票の入手	□済み　入庫票番号＿＿＿＿＿＿＿＿	

添付資料

4-12　売上値引・取消しの承認状況

チェック手続内容	問題有	問題無	該当なし
顧客からのクレーム等の原因により事後的に売上の値引や取消しを行う際は，営業担当者の独断ではなく上席者の承認を得ていることを資料閲覧及びヒアリングにより確かめる。			

【チェックの趣旨】

　品質問題や納期遅れにより顧客からクレームを受け，致し方なく値引や返品受付を行うことがある。この状況に対処するためにクレームの原因分析（4-11「クレームの処理状況」を参照）に加え，値引の必要十分性や返品受付の必要性について上席者の承認を得ていることを確かめる趣旨である。

【よくある問題点】

　営業担当者の独断で安易に顧客に値引や返品受取りの了承を行っている。財務会計部門に値引や返品を受け入れる旨を伝達もしていない場合，会計帳簿上は当該顧客への売掛金が入金されないまま滞留することとなる。

　さらなる不正の方法として，営業担当者が大幅値引を口頭で約束し，値引額の一部を営業担当者自身に支払う（キックバックする）よう顧客に要求するケースもある。

【改善事例】

　標準販売価格から値引を行う場合は，原則として営業担当者の独断ではなく上席者の承認を得た上で顧客に伝達するルールとする。値引や返品受付については必ずなんらかの理由があるはずである。顧客からのクレームによるものとすればクレーム管理表でその原因を分析し値引額の必要十分性や返品受付の合理性について検討した上で上席者は承認を行うべきである。

　顧客に臨機応変に対応するため，ある程度の値引決裁権を現場の営業担当者に持たせる必要がある業界もある。その場合は，例えば「5％までの値引は営業担当者のみの判断で値引できるが，それ以上の値引は営業部長の承認が必要」というルールにすることも考えられる。

4−13　請求書の確認状況

チェック手続内容	問題有	問題無	該当なし
顧客に請求書を発行するに際して，請求内容，金額，日付の正確性を上席者が確認していることを資料閲覧及びヒアリングにより確かめる。			

【チェックの趣旨】

　顧客に提出する請求書は，顧客が代金を支払うための根拠資料になるものであるから，その記載内容の正確性と発行タイミングは重要である。

　営業担当者が請求書を発行するものの，その内容等について上席者が確認していることを確かめる趣旨である（発票については4−14「発票の発行状況」を参照）。

【よくある問題点】

　営業担当者が独自で請求書を発行し顧客に送付している。上席者の確認はなされていない。この場合，請求書発行忘れや誤記載による顧客からのクレームが発生するリスクがある。

　さらには，請求書に記載する振込先銀行口座番号を意図的に担当者個人の親戚等の会社とし，顧客には適当に言いくるめ，販売代金を横領するという不正が行われることもある。

【改善事例】

　請求書は，その根拠となるデータ（当初顧客に提出した見積書，契約書，製商品の出荷データ，顧客からの検収通知等）に基づき発行されるべきである。営業課長等上席者は，営業担当者が作成した請求書が，これら根拠資料と整合していることを確認の上承認し，顧客への送付を行う必要がある。

　しかしながら，請求回数が多数となると都度根拠資料を集めて照合することは実務上困難である。ITシステムを利用すれば，顧客からの受注データや製商品出荷データ（単価×数量）を一元的に把握しやすくなる。またシステムの機能を利用して，出荷金額でしか請求書を発行できない，又は請求額を変更する理由がある場合は上席者の承認オペレーションを経なければ金額を修正した請求書を発行できない仕組みとすることも可能である。

4-14　発票の発行状況

チェック手続内容	問題有	問題無	該当なし
売上計上に際して，適正金額で適正時期に発票が発行されていることをサンプリングで確認する。			

【チェックの趣旨】

　中国では，税務法令により売上計上に際して企業に発票を発行し顧客に交付することが義務付けられている。法令に基づき，全ての売上に対して適正な金額の発票を発行しているかどうかを確認する（発票制度については，Column 3「発票とは何なのか？」を参照）。

【よくある問題点】

　一般的な中国現地法人の会計担当者は，売上の計上に際して発票を発行する必要があることは十分認識している。通常の場合において，売上に際して発票が発行されていないという状況はほとんどない。

　しかしながら，少ないケースではあるが，顧客から「発票の発行を翌期の日付としてほしい」（顧客は仕入れにかかる損金算入時期を翌期としたい）や，「発票の記載金額を水増しして記載してほしい」（顧客は仕入損金算入額を増やし脱税したい）という要望を受けるケースもある。顧客の脱税幇助につながりかねない要求は断固として断るべきであるが，顧客の強い要望に負けて致し方なく対応している場合もある。

【改善事例】

　発票は一般的に領収書や請求書の位置付けと認識されているが，本来の目的は中国政府が増値税又は営業税を洩れなく徴収し，また企業所得税上の損金算入要件を明確にすることを目的とした制度である。そのため，発票の発行金額の水増しや日付の改ざんについては，発行した企業側も行政上及び刑事上の責任を負う旨が通達上で定められている。

　したがって，コンプライアンスの観点からは，顧客の理不尽な要求に対しては経営層の意思として拒否し，場合によっては大きな取引額の顧客を失うことがあってやむを得ないという強い姿勢を，自社の営業担当者及び会計担当者に示す必要がある。

Column 4

発票を発行せずに売上を計上する方法

よく中国人会計担当者から「顧客の要望で発票を発行できないので，売上を計上できません」という主張を聞く。中国の発票制度に不案内な日本人からすると，「そういうものなのか」と不本意ながらも納得しているケースもある。

確かに，中国の地方（田舎に多い）の税務局では，未だに「発票の発行時期は売上計上時期と一致する必要がある」と指導している事例もある。しかしながら，中国の増値税申告システム上は，発票を発行せずに売上を計上する場合が想定されており，実務上も可能となっている。

具体的には，毎月の増値税インターネット電子申告画面（増値税納税申報表附列資料（表一））において，「発票発行済み売上高」と「発票未発行売上高」を入力する項目が設けられている。通常「発票発行済み売上高」に当月の売上高を入力するが，会計上発票未発行の売上高が発生している場合は「発票未発行売上高（**中文：未开具发票**）」欄に当月発生金額を入力することができる。翌月以降，「発票未発行売上高」に対応する発票を発行した場合は，増値税課税対象売上高から除くため，同欄にマイナス金額で入力する。

なお，増値税課税対象となる売上高は，当月の「発票発行済み売上高」と「発票未発行売上高」の合計額である。

税務局側から見ると，発票を発行するまで売上増値税が納税されないのではなく，企業が自主的に「発票未発行売上高」の金額を申告し早期に納税を行っているのであれば，文句のつけようがない。

図　上海市における増値税インターネット電子申告画面（抜粋）

4-15　発票発行会社名称と代金振込元銀行口座名との一致状況

チェック手続内容	問題有	問題無	該当なし
顧客に発行した発票の顧客会社名称と，売掛金入金元銀行口座名義が一致していることを資料閲覧及びヒアリングにより確かめる。			

【チェックの趣旨】

　中国の「発票管理弁法」では，取引の実態がないにもかかわらず発票を発行し，他者への貸し借り，譲渡を行った場合は，発票の譲渡人及び悪意又は重過失のある譲受人それぞれに最高50万人民元の罰金を科す旨定められている。

　その背景としては，実際は赤字となっている企業Aが仕入れた商製品であるが，この仕入原価を黒字会社Bに付け替えるため，仕入先企業に対して黒字会社B宛の発票を発行してほしい旨要請を行うことがある。これは企業所得税（日本でいう法人税）の脱税行為となる。企業所得税の脱税を行った企業のみならず，要請に応じて発票宛名を改ざんし発行した仕入先企業に対しても，脱税を幇助したとして罰金を科されることに留意する必要がある。

　中国の税務調査の場面では，発票の発行宛会社名と入金元銀行口座名義が一致していない場合は，上記の発票の不法な発行ではないかとの疑いを受けることになる。

【よくある問題点】

　発票の宛名会社名が売掛金入金元銀行口座名義と一致していない。事前の契約書や発注書上の顧客名義とも異なる。

　営業担当者にヒアリングしたところ，「顧客の要望に基づき行っている。顧客がなぜこの会社宛に発票を発行するよう要請するのかはわからない。ただし，売掛金は滞りなく振り込まれている」とのことであった。

【改善事例】

　顧客からの要望があったとしても，契約書や入金元銀行口座と異なる宛名で発票を発行することは拒否する。コンプライアンス上，毅然とした対応が必要となる。

　また，営業担当者に対しても顧客からのイレギュラーな要望に対して安易に応じない，また上席者に適宜相談するよう教育を行う必要がある。

4-16　営業(又は出荷)担当者と会計担当者の連携状況

チェック手続内容	問題有	問題無	該当なし
営業担当者(又は製品出荷担当者)は,会計担当者に適時に必要資料を提示し,問い合わせにも的確に回答する等の連携が取れているかについて,ヒアリングにより確かめる。			

【チェックの趣旨】

　会計担当者が適正な売上高計上を行うためには,営業担当者や製品出荷担当者から適時に適切な情報を入手する必要がある。

　出荷製品種類,品番,数量,単価,出荷日付,回収予定サイト及びこれらに係る契約書内容や注文書内容を,会計担当者は営業部門や倉庫部門と連携して入手できているかどうかをチェックする趣旨である。

【よくある問題点】

　日本でもよくある傾向であるが,営業担当者の本分は顧客に対して自社の製品を購入してもらい,当社製品を間違いなく納品し,代金を回収することにある。そのため,これら情報の記録や適時に会計担当者に伝達することは後回しにされがちである。また,出荷済み製品に係る販売代金が予定の回収サイトを経過しても回収されない(すなわち,滞留売掛金)について会計担当者が営業担当者に質問しても,「今忙しい」という一言でしか対応されない場合もある。

【改善事例】

　確かに「顧客に対して自社の製品を購入してもらい,当社製品を間違いなく納品し,代金を回収すること」という営業担当者の本分は重要であるが,その結果の集計や計数による管理も重要であることを営業担当者に理解してもらう必要がある。

　また,会計担当者が日々業務を行う上で,同じ製品でも前回と今回で販売単価が大きく異なる,サンプル品のように出荷したが請求は行わない,顧客からの返品がなされたので売上を減少させる必要があるといったケースに際しては,適宜財務会計担当者から営業担当者にその内容や状況を問い合わせる場面もある。その場合,営業担当者は会計担当者からの問い合わせに誠実に応えるよう,経営層から営業部門に指示しておく必要がある。

4-17 期末外貨建債権の換算状況

チェック手続内容	問題有	問題無	該当なし
月末における売掛債務残高について，中国人民銀行が公表する中間値（TTM）により換算替えが行われ，為替差損益が適切に算定されていることを資料閲覧及びヒアリングにより確かめる。			

【チェックの趣旨】

中国では，月次決算が建前であるため，外貨建金銭債権債務の為替レート換算替えは毎月末を基準として行われる。その際，適切な為替レートが適用されているかどうかを確認する。

【よくある問題点】

毎月末レートに基づく換算替えが行われていない。又は，行われていても誤った為替レート（TTSやTTB）によって換算されている。

【改善事例】

適切な為替レート（TTM）に基づき外貨と人民元間の換算を行う旨を財務会計規程に明記し，会計担当者に周知させる。

また，月末決算に係る決算整理仕訳一覧表を作成し，月末換算替えに係る仕訳の起票方法をマニュアル化する。また，前月までの為替差損益と比較することにより，為替レートの変動傾向と為替差損益の発生状況が整合しているかどうかを確認することが推奨される。

4-18　滞留売掛金の管理状況

チェック手続内容	問題有	問題無	該当なし
滞留売掛金が年齢構成表の形式で把握しており，滞留口について経営層や経営会議に報告され，今後の回収方針が明確になっていることを資料閲覧及びヒアリングにより確認する。			

【チェックの趣旨】

借入金や資本金に並び，売掛金回収によって得られる資金は会社の重要な経営資源である。契約どおりに顧客から売掛金の回収を行っているか及び，回収できなかった場合の督促や貸倒引当金の検討等，売掛金の回収管理が適切に行われているかどうかをチェックする趣旨である。

【よくある問題点】

滞留売掛金の管理がなされていない。会計担当者は，顧客からの銀行振込があれば会計伝票を起票するが，なければ何らアクションを起こさない。売掛金の回収如何は営業担当者の仕事の範疇であるとして，会計担当者は売掛金の滞留状況を営業担当者に伝達することもない。経営層は営業担当者と連携し，顧客回りや売掛金の回収状況を把握していても，会計担当者は関わっていない。

会計監査において，会計士から滞留売掛金に対して貸倒引当金を計上するよう要請があるが，会計担当者は滞留理由や顧客の情報を把握しておらず，営業担当者からの情報収集も十分でないため，会計士が納得する情報を提供できない。

【改善事例】

一般的な会計システムを利用していれば，顧客別の売掛金発生日（売上計上日）と売掛金入金日の対比表，未回収売掛金リスト及び年齢構成表の作成が可能である。会計担当者は毎月末に年齢構成表を作成し，営業部長及び経営層に提出する。

営業部長は各営業担当者に滞留売掛金データを提示するとともに，顧客への督促及び回収可能予定日の報告を行わせる。営業担当者の督促状況と回収可能予定日は営業部長が滞留売掛金管理表としてまとめ，経営層に提出し承認を受ける。

これら一連の手続を業務フローにまとめ，関連担当者の協議を通じて周知徹底を図る。

4－19　売掛債権評価の妥当性

チェック手続内容	問題有	問題無	該当なし
滞留売掛金について，当社の債権評価基準に基づき適正な評価（貸倒引当金の計上）がなされていることを資料の閲覧及びヒアリングにより確認する。			

【チェックの趣旨】

　図らずも回収不能の売掛金が発生した場合は，対応する貸倒引当金又は貸倒損失の計上が必要になる。会計担当者は，顧客の状況，交渉の経過を勘案の上，回収不能見積額を算定し，貸倒れにかかる会計伝票を起票しているかどうかをチェックする。

【よくある問題点】

　前項の4－18「滞留売掛金の管理状況」に記載したとおり，会計担当者は滞留売掛金の回収可能性に係る情報を営業担当者より十分に入手していない。そのため，回収不能額の見積りを行い得ず，貸倒れに係る会計処理も行えない。

　なお，日本会計基準では，売掛債権を「一般債権」「貸倒懸念債権」「破綻更生債権」に分類し，「一般債権」については，債権残高に過去の貸倒実績率を乗じて貸倒引当金を算定する。「貸倒懸念債権」及び「破綻更生債権」については，個別法により貸倒引当金を算定する。しかしながら，中国会計基準にはこのような分類分けと貸倒引当金計上方法にかかる規定と実務がない。

【改善事例】

　原則的には，全ての滞留売掛金に対して滞留理由を調査し，個別法による貸倒引当金の回収可能性を検討することが望ましい。例えば，顧客が倒産しているあるいは実質破綻の状態にある，顧客の購買担当者が退職し，過去の取引関係が不明になっている場合については，100％の貸倒引当金を計上している。また，裁判を提起している場合は，担当弁護士と協議の上，50％の貸倒引当金を計上している事例もある。

　個別法による貸倒引当金の検討が困難である場合は，年齢法（例えば，1年未満滞留口については1％，1年以上滞留口については50％，2年以上滞留口については100％）による一律な貸倒引当金の計上を行っているケースもある。しかしながら，貸倒引当率については必ずしも過去の貸倒実績から裏付けられたものではなく，会計監査を担当している会計士と協議の上設定している事例が多い。

4−20　取引先との残高照合の状況

チェック手続内容	問題有	問題無	該当なし
売掛金残高について，主要取引先と定期的に照合がなされており，取引先が把握している残高と差異が発生した場合にはその原因，取引先との協議が行われていることを資料閲覧及びヒアリングにより確かめる。			

【チェックの趣旨】

　本来，自社の出荷に基づく売上／売掛金データと顧客の仕入れ／買掛金データは一致するはずであるが，積送品の存在，納品書の記載誤り，請求書の記載誤り，会計システムへの入力誤り，振込データの記帳タイムラグ等により，自社及び顧客間おいて債権残高の差異が生じるリスクがある。

　そのため，取引の多い顧客との間で定期的（3カ月に一度程度）に売掛金残高の照合を行い，残高差異の原因分析，双方の錯誤の有無の確認，帳簿残高の修正を行うことが望ましい。

【よくある問題点】

　自社と得意先との間で残高照合を行っていない。年に一度，会計監査において会計師事務所から残高確認書を取引先に発送するが，残高確認書の回収時点で多額の差異が判明する。過去1年間遡って差異分析を行うことは困難であり，会計士事務所からの監査意見の入手までに時間がかかる。又は会計師事務所から売掛金残高について疑義ありとの監査報告書が発行される。

【改善事例】

　取引頻度の多い得意先との間では，定期的（3カ月に一度程度）取引額及び残高の照合を行い，差異分析を行う。差異分析の結果は記録に残し，帳簿記録の修正も含めて会計部門責任者の承認を受ける。

　これら一連の手続を業務フローにまとめ，関連担当者の協議を通じて周知徹底を図る。

4−21　各管理台帳と総勘定元帳との一致

チェック手続内容	問題有	問題無	該当なし
製品出荷台帳，売掛金台帳等の諸台帳の期末残高と，会計システムの各勘定科目残高が一致していることを毎月確認しているかについて，ヒアリングにより確認する。			

【チェックの趣旨】

　基本的に，営業部門が作成した売上計上依頼票や製品出荷記録に基づいて，会計上の売上高，売掛金といった勘定科目残高が計上されているため，月々の売上データ等を管理している各種台帳と，会計システム残高は一致するはずである。

　しかしながら，データの転記誤りや漏れを防ぐためには，月次決算に際して諸台帳と会計システム残高を事後的に照合し，データ連携の正確性を検証する必要がある。

【よくある問題点】

　会計担当者及び会計責任者は，各種台帳と会計システム残高を照合しているが，その証跡（確認サイン）を記載していない。

【改善事例】

　決算マニュアル等に，会計システム残高と照合すべき台帳の種類，照合時期，担当者を記載し，関係者に周知させる。また，照合・確認を行った担当者又は責任者は，帳票に確認した旨のサインと日付を記載することを徹底する。

5 原価計算

5-1 原材料の直間区分状況

チェック手続内容	問題有	問題無	該当なし
原材料費が，適切な基準に基づき直接原材料と間接原材料に区分されていることを資料閲覧及びヒアリングにより確かめる。			

【チェックの趣旨】

　製造業においては，原材料が数千種類に上ることがある。これら全てについて，手作業で継続記録法のような厳密な会計管理手法を適用することは困難である。実務上の便宜を勘案の上，重要な原材料については直接原材料として継続記録法による入出庫台帳を記録するものの，それ以外の原材料については間接原材料として購入時一括費用処理を行うことが現実的である。

　一定の基準に基づいた直接原材料と間接原材料の区分がなされているかどうかをチェックする趣旨である。

【よくある問題点】

　直接原材料と間接原材料の区分基準がない。

　財務部担当者の個人的判断で，段ボール等梱包材については間接原材料として購入時一括費用処理を行っている。しかしながら，生産工程で消費する原材料について，財務部担当者は直接・間接の区分を行うための判断基準や知見を持たない。そのため，直接原材料の種類が過度に多くなり，財務部担当者としては継続記録法による出庫単価計算や，製品種類別原材料直課の計算を諦めている。

【改善事例】

　原材料種類を，直接原材料と間接原材料に区分する基準を設ける。

　区分の基準としては，次の考慮要件が挙げられる。

(1) 手作業で継続記録法を適用できる原材料種類数

　　手作業で行っているのであれば，直接原材料と区分できる原材料種類数は100から200種類が限界と思われる。これ以上の原材料種類数に対して継続記録法を適用するためには，ＩＴシステムの導入が有効である。

(2) 原材料単価基準

　原材料単価が，例えば50人民元／個以上の原材料については，金額的重要性が高いものとして直接原材料とする。単価の金額基準については，上記(1)の手作業で継続記録法を適用できる原材料種類数を勘案の上，決定することとなる。

(3) 原材料の質的基準

　安価な原材料であっても，塩酸や硝酸等危険物については，厳重な入出庫管理を行い，必要以外に持ち出さないよう記帳管理する必要がある。これらについては直接原材料とすることが考えられる。

5-2　原材料マスタ・データの入力確認状況

チェック手続内容	問題有	問題無	該当なし
購買・在庫管理に係るITシステムを導入している場合，原材料マスタ・データの入力時にプルーフリストのアウトプット等により入力データの正確性を確認していることについて，資料閲覧及びヒアリングにより確かめる。			

【チェックの趣旨】

　ITシステムを導入している場合，各種マスタ・データ入力の正確性は非常に重要となる。原材料マスタ・データに関しては，原材料コード，名称，規格，数量単位，関連BOMコード等が構成項目となる。これらの入力が誤っていると，関連する原材料品種別入庫データ，出庫データ，買掛金計上データ，買掛金支払データ等も適正に入力できなくなる。

　ITシステムへのマスタ・データ入力に係る正確性のチェック方法としては，システムからプルーフリストをアウトプットの上，上席者等第三者による入力確認を行うことが代表的である。これら統制が行われているかどうかをチェックする趣旨である。

【よくある問題点】

　マスタ・データの入力確認手続が行われていない。原材料については，購買部門等の担当者がITシステムにマスタ・データ入力を行っているが，担当者1人の目視確認に依存しており，プルーフリストのアウトプットや第三者による確認サインは残されていない。

　原材料マスタ・データの入力誤りや入力洩れが生じている場合，倉庫担当者は在庫管理システムに原材料の入出庫データや棚卸データを入力することができない。そのため，倉庫担当者は在庫管理システムを利用することなく，独自でExcelによる原材料入出庫管理台帳を記帳する。しかしながら，Excel台帳も手作業で記帳しているため入力誤りが発生することもあり，結果として在庫管理システム上の原材料残高とExcel台帳上の原材料残高が異なるという事態が発生する。財務会計部門としては，どちらの原材料台帳のデータに基づき会計処理を行ってよいか混乱する。

【改善事例】

　原材料マスタに限らず，全てのマスタ・データを入力する際は，システムへの入力データを確認する手続を行う必要がある。確認方法としては，上述のプルーフリストをシステムから紙ベースでアウトプットし，上席者等第三者による確認サインを記載することが一般的であるが，システムによっては画面上で第三者の承認入力を行う機能が備わっているものもある。

　また，半年に一度程度はＩＴシステム内のマスタ・データの棚卸を行い，今後利用する見込みのない原材料マスタ・データは削除する等のメンテナンスを行うことが望ましい。

5－3 継続記録法の適用状況

チェック手続内容	問題有	問題無	該当なし
原材料の入庫，出庫について継続記録法が適用され，入庫票，出庫票を用いた集計がなされていることをサンプリングによる資料閲覧及びヒアリングにより確かめる。			

【チェックの趣旨】

　原材料費の集計方法には，継続記録法と棚卸法がある。棚卸法は，原材料出庫の都度出庫票を起票する手間が不要であり，月末又は年度末の実地棚卸によって原材料費の集計を行う方法であるが，「いつ，誰が，どの原材料を，何の生産のために，どれだけの数量」出庫したのかを把握することができない。これらのデータを把握するためには，原材料入出庫の都度入庫票及び出庫票を起票する方法，すなわち継続記録法を採用することが望まれる。

【よくある問題点】

　会社の会計方針上，継続記録法を建前としているが，実際は出庫票を伴わない原材料出庫がある。その背景として，製造現場担当者が出庫票を起票せずに勝手に原材料を持ち出すことが黙認されていたり，又は発生した不良品の代替品を生産する際に原材料の出庫内容を記録していたのでは不良品生産の責任を取らされてしまうことをおそれる担当者が，意図的に出庫票を起票せずに原材料を持ち出していたりする。特に24時間操業を行っている工場においては，夜中の時間帯に倉庫部門による牽制も弱まる。

　その結果，継続記録法によって集計される原材料費の網羅性がなくなる。

　また，出庫票を起票せずに払い出す場合は，その分期末の実地棚卸に際して帳簿残高との間に差異が生じる。そこで実際残数量に帳簿在庫数量を修正すればまだ資産記録の健全性が保たれるが，差異が隠ぺいされ帳簿残数量が修正されないリスクもある。

【改善事例】

　まず，原材料品目を単位当たりの金額的重要性に基づき直接原材料と間接原材料に区分する。全ての原材料品目に対して継続記録法を適用するのではなく，比較的単価の高い直接原材料についてのみ継続記録法を適用する。単価の低い間接原材料については，棚卸法による簡便的な原材料費把握とし，業務負荷を低減する。直接・間接を

区分する原材料単価基準については，自社の倉庫担当者の人数と力量を勘案し，継続記録法対象原材料品目が多すぎないようにする。

　一方の製造担当者の本分は製品の生産であるから，原材料出庫に際しての記録作業は比較的軽視されがちになる。原材料倉庫をパーテーションで区切り，入口を施錠することによって，倉庫担当者の牽制が効かない原材料の持出しを制限することも有効である。

5-4　余剰倉戻しの状況

チェック手続内容	問題有	問題無	該当なし
工程にある未使用原材料が多額である場合、月末に原材料倉庫に倉戻しを行い、会計上も仕掛品勘定から原材料勘定に振り戻されていることを資料閲覧及びヒアリングにより確かめる。			

【チェックの趣旨】

　原材料が生産工程に出庫された後は、会計勘定科目上仕掛品として認識される。出庫処理済みにもかかわらず、生産工程内に原材料の形のまま大量に保管されている場合は、原材料残高が過少計上となり、仕掛品残高が過大計上となる。このような場合、月末又は年度末において適正な原材料、仕掛品残高となるよう、調整が行われているかどうかをチェックする趣旨である。

【よくある問題点】

　直接原材料について出庫票を起票することを徹底した場合、製造現場担当者としては手間のかかる出庫記録を避けるため、一度に大量の原材料を出庫する誘因が生じる。その結果、原材料の形のまま大量に生産工程に保管される。

　特にクリーンルーム内の生産工程のように、原材料倉庫と生産工程が隔離されている状況において発生しやすい。

【改善事例】

　生産工程の要求どおりに原材料の出庫を行うのではなく、生産管理部門が生産計画に基づき必要原材料数量を生産工程に払い出すという牽制が望ましい。

　また、出庫記録の手間を勘案して、1度の原材料出庫量は、例えば、「翌日に費消する原材料」とするよう関係者に通達し、許容できる度合いと方針を認識させることも考えられる。

　月末又は年度末の棚卸手続前において、会計責任者や経営層が生産現場を視察し、不必要な原材料を生産現場に保管していないか確認し、発見された場合はマイナスの出庫伝票を起票し原材料残高に戻すといった調整を行う必要がある。

5−5　原材料払出単価の計算

チェック手続内容	問題有	問題無	該当なし
原材料払出単価は会社所定の算定方法（月別総平均法等）により適切に算定され，また単価未定については適切に見積り単価を設定の上原材料費が算定されていることを資料閲覧及びヒアリングにより確かめる。			

【チェックの趣旨】

　出庫票記録や実地棚卸により，品目別の原材料出庫量データを適切に収集できたとしても，これに乗じる単価の算定が誤っていれば，原材料費の集計も誤る。

　したがって，原材料払出単価が適切な根拠や計算過程に基づいて算定されているかどうかをチェックする趣旨である。

【よくある問題点】

　多くの中国現地法人において，実際単価の算定は適正になされていることが多い。仕入先からの請求書及び発票に基づいて，1カ月間の品目別仕入単価を算定している。また，進料加工貿易の場合は一定期間仕入単価が固定されているため，契約上の単価を継続的に利用することが可能である。

　しかしながら，原材料は納品されたものの，仕入先から請求書や発票を入手していない場合は，会計担当者として原材料の実際仕入単価が不明である。そのため，仕入先からの請求書や発票を入手した時点で仕入及び原材料費の計上を行う，いわゆる発票基準の実務を採用している場合もある。

【改善事例】

　仕入先から納品はなされたものの，請求書や発票が到達していない原材料については，購買部門と連携し，発注単価や契約単価を利用して発生主義に基づく仕入計上及び原材料費の計上を行うべきである。

　また，原材料品目が多く，かつ，原材料単価が購入の都度変動する場合は，会計担当者の手計算ではなくITシステムを利用した原材料費計算が必須となる。

5－6　予定為替レートの利用状況

チェック手続内容	問題有	問題無	該当なし
原材料費の計算に際して，予定為替レートを利用する場合がある。予定為替レートの設定根拠，承認状況について資料閲覧及びヒアリングにより確認する。			

【チェックの趣旨】

　中国における日系製造業の場合，中国外からの輸入原材料が製造原価の大きな割合を占めることがある。この状況で直物為替レートのみを利用して（つまり，予定為替レートを利用せずに）原材料費を計算していると，為替レートの変動によって製造原価が増減する。これでは生産効率の良否や原価低減努力の成果を原価管理において把握できなくなる。

　対策として，原材料仕入額の計算に際して予定為替レートを設定することが考えられる。予定為替レートの設定根拠及びその承認状況をチェックする趣旨である。

【よくある問題点】

　予定為替レートを利用していない。財務部担当者としては，予定為替レートの設定方法がわからないため，直物為替レートで原材料仕入れ額を評価するのみである。その結果算定される原材料費及び製造原価は，原価管理や生産管理に役立たない。財務諸表作成と税務申告のみを目的とした原価計算がなされている。

【改善事例】

　予定為替レートを導入し，原材料仕入れ額及び原材料費の計算を行う。為替レートの変動が原材料費に影響することを防ぐことが目的であれば，予定為替レートの設定方法は，過去半年間の平均値（半年ごとに更新）のような簡易な計算で問題ないと思われる。設定された為替レートは財務会計責任者による計算チェックと承認を経る必要がある。

　なお，予定為替レートを採用すると，直物レートとの差異が生じる（いわゆる受入価格差異）。当該差異については，月次決算処理時点において原材料費に加減することによって，中国の税務基準の要請（実際の為替レートによる製造原価計算）に対応できると考える。

5-7　保税品と非保税品の区分

チェック手続内容	問題有	問題無	該当なし
原材料，仕掛品，完成品について，保税品と非保税品の区別が帳簿上及び現物上で明確に区分されていることを資料閲覧，ヒアリング及び現場視察にて確かめる。			

【チェックの趣旨】

　進料加工や来料加工といったいわゆる加工貿易を行っている場合において，中国外から輸入した，関税・増値税が課されていない原材料を「保税原材料」という。対して，関税・増値税が課されて輸入された原材料は「非保税原材料」という。

　中国の税関及び税務調査上，保税品と非保税品が帳簿上及び現物管理上において明確に区分されているかどうかは常に調査対象となる。

【よくある問題点】

　原則として，保税原材料と非保税原材料は区分しているが，時々両者間で流用した生産がなされている。例えば，保税品原材料Aが倉庫内で欠品しているが，非保税品として調達した同じ原材料Aが非保税品倉庫に在庫している場合，保税完成品生産のために非保税原材料Aを使用することがある。生産現場としては，生産の効率化を図ったものであるが，税務上は問題がある。そのため，倉庫担当者は保税原材料と非保税原材料間の転用を伴う原材料出庫を台帳に記帳しない。後に欠品であった保税品原材料Aが補充された際，非保税品原材料Aへの埋め合わせを行うが，その操作は倉庫担当者の記憶に基づきなされている。

【改善事例】

　保税品と非保税品については，原材料，仕掛品，完成品それぞれの段階で明確に区分し，実態に即した帳簿記帳及び現物管理を行う必要がある。

　しかしながら，実務上は非保税完成品生産に多量の不良品が生じた場合に，致し方なく保税原材料を流用して計画上の非保税完成品を生産するというようなケースも生じる。その場合の対策としては，次の2点が考えられる。

(1) 事前に余裕ある不良品発生率を加味した加工手冊の申請。

(2) 致し方なく保税品を非保税品に転用する必要が生じた場合は，その時点でその旨を税関に申告し，転用する原材料に免除されていた関税及び増値税を申告納税する。

5-8 製品種類別原材料費集計表の作成状況

チェック手続内容	問題有	問題無	該当なし
製品種類別（あるいはロット別）に原材料費が適切に集計されていることを資料閲覧とヒアリングにより確かめる。			

【チェックの趣旨】

上述5-3「継続記録法の適用状況」で算定された原材料出庫数量に，前項の払出単価を乗じることによって，原材料費を算出できる。この際，単に工場全体の原材料費を算出するのではなく，製品種類別あるいは生産ロット別に原材料費を集計できることが原価管理上望ましい。

直接原材料出庫にかかる出庫票に，使用目的となる製品種類あるいは生産ロット番号が記録されていれば，直課による製品種類別等の原材料費が可能になる。

【よくある問題点】

5-3においても述べたが，原材料払出しの都度出庫票が起票されていなければ，製品種類別等への直課による原材料費集計はできない。経営層により直接原材料費について出庫票の起票を倉庫担当者や現場担当者に指示するも，起票手間の増加や原材料費効率が明らかになること，ひいては原材料の横流し（第三者へ鉄屑材として販売し収入を懐に入れる不正）が明らかになることへの現場の抵抗により，時間がないことを言いわけにして出庫票への起票を行わない。

【改善事例】

出庫票のフォーマットを倉庫部門や製造現場のリーダー及び担当者に提示し，会社として必要なデータの収集を経営層より指示する。中国でも，出庫票フォーマットは市販されており，出庫票番号，日付，原材料コード，品目名称，単位，数量，対象製品種類（あるいはロット番号），払出者（倉庫担当者）サイン欄，受取者（生産工程担当者）サイン欄等が必要データとして挙げられる。

また，出庫票には，払出者である倉庫担当者と受取者である生産工程担当者の両者のサインを記載するものとし，両者の牽制を明確にする。

その上で，出庫票を収集し，製品種類別あるいはロット別の原材料費を集計する。

なお，上述の【よくある問題点】で記載したような，原材料横流し等の不正を行っている場合は，倉庫部門あるいは生産工程が出庫票の記録に集団で抵抗する。出庫票

への記録を拒否するのみで，原材料横流しの証拠を掴むまでに至らなくても，このような場合は倉庫部門や生産工程のリーダー又は担当者を交代させざるを得ないケースもある。

5-9　労務費配賦基準の設定状況

チェック手続内容	問題有	問題無	該当なし
労務費に係る配賦基準が適切に設定され，当該配賦基準に基づき製品種類別（又はロット別）に労務費が配賦されていることを資料閲覧及びヒアリングにより確かめる。			

【チェックの趣旨】

　原材料費と異なり，労務費は各従業員の賃金を集計した要支払総額として算定される。原価計算上は，これを製品種類別又は生産ロット別に何らかの基準を利用して配賦する必要がある。適切な配賦基準が設定されていること，収集される配賦基準データが正確であること，またそれに基づく製品種類別（あるいはロット別）原価計算が行われていることを確認する趣旨である。

【よくある問題点】

　労務費の配賦基準が大雑把過ぎる。例えば，製品種類別の売上高や直接原材料費を配賦基準として配賦している。

　製品種類別の売上高を基準として労務費を配賦した場合，計算の結果製品種類別の利益率も同じとなり，製品種類別の採算性評価に適さない。

　一方で，厳密な労務費配賦基準として直接作業時間が挙げられる。しかしながら，生産にかかわる全ワーカーが労務日報を洩れなく記載し，適時に収集し集計することは，ワーカーの抵抗（手待ち時間があることを把握されることを嫌がる）や能力（労務日報に記載すべき製品種類コード体系や作業コード体系を理解できない），業務負荷を要因としてなかなか浸透しない。機械作業時間の把握についても同様の理由で困難である。

【改善事例】

　労務費について，直接作業時間等の厳密な労務費配賦基準を適用できている中国現地法人は少ない。現実的には製品種類ごとの標準単位原価に生産数量を乗じた金額や，製品種類ごとの実際原材料費を労務費の配賦基準としている事例が多い。

　中国の安価な労務費により，製造原価全体に占める労務費の割合は日本に比べて低い。そのため，当初は簡便な労務費の配賦基準を適用し，その後の原価計算精度向上のニーズが高まった時点で，段階的に高度な配賦基準の設定とそのデータの把握を行うことが望ましいと考える（労務費については，「❸　労務費管理」の項目も参照されたい）。

5-10 製造経費の集計

チェック手続内容	問題有	問題無	該当なし
残高試算表（中文：科目余額表）を閲覧し，ヒアリングにより各製造経費が適切に集計されていることを確認する。			

【チェックの趣旨】

　減価償却費，機械設備リース料，水道光熱費等の製造経費については，原材料費や労務費と異なり，まずは財務会計部門が取引先から入手した請求書や発票に基づき会社全体の費用計上に係る会計処理を行う。まずは財務会計部門において，会社全体の製造経費が集計されているかどうかをチェックする趣旨である。

【よくある問題点】

　製造経費集計方法については会計担当者により理解されていることが多く，後述する期間帰属の問題を除き，概ね会社全体の費用計上がなされている。

　しかしながら，製造経費の内訳科目が重複している場合や，勘定科目名称が会計担当者のみにしか理解できない名称であるケースもある。また，担当者の交代により，勘定科目間の入り組み計上が発生するリスクもある。

【改善事例】

　製造経費の内訳科目については，勘定科目毎の定義を文書化し，会計担当者に周知させる必要がある。また，科目の追加や削除に際しては，文書に上席者の承認証跡を記載するといったルール策定も必要になる。

5－11　製造経費の期間帰属

チェック手続内容	問題有	問題無	該当なし
製造経費について，未払費用，前払費用が計上され，適切な期間帰属が図られていることを資料閲覧及びヒアリングにより確かめる。			

【チェックの趣旨】

　家賃，リース料，水道光熱費等については，取引先から入手した請求書，発票や契約書に基づき費用計上がなされる。取引先からの請求書等を入手した時点で費用計上処理を行うのでは，入手時点によって費用計上時期が左右されるリスクがある。財務会計部門によって，費用の期間帰属の適正性が意図されていることをチェックする趣旨である。

【よくある問題点】

　日本でも中国でも同様であるが，取引先は請求書等を適時に発行していても，入手した担当者が机の引出しに保管したまま忘れているため請求内容が財務会計部門に伝わらず，会計処理も行われない。

　また，取引先の都合で3カ月に1度等しか請求書を発行しない場合は，財務会計部門において3カ月分の費用をまとめた会計処理が行われることもある。

　会計担当者としては費用の期間帰属適正化の観点から，契約書を参照し請求を受けるべき費用について請求書等を適時に発行するよう取引先に申し入れることが望ましい。しかしながら，「請求書を受け取っていないということは支払う必要がない」という認識から，取引先に請求書の督促を行わない。結果として請求書が財務会計部門に到達した時点で費用を計上する。

【改善事例】

　中国現地法人の経営層より，費用の期間帰属適正化のための協力を指示する必要がある。

　具体的には，取引先から入手した請求書や発票は遅滞なく財務会計部門に回付する旨を購買部門，営業部門，総務部門等に指示する。

　また，財務会計部門においては，請求書や発票が到達しなくても，契約書上に定められており事前に発生が予測できる費用については毎月末に費用計上を行い，未払金又は未払費用の勘定科目を利用して処理する。実際に請求書が到達した後に，請求内

容を確かめ，未払金又は未払費用から支払を行う。

　これらについては財務会計規程等に規定化し，関連担当者に周知させる必要がある。

5-12 製造経費配賦基準の設定状況

チェック手続内容	問題有	問題無	該当なし
製造経費に係る配賦基準が適切に設定され，当該配賦基準に基づき製品種類別（又はロット別）に製造経費が配賦されていることを資料閲覧及びヒアリングにより確かめる。			

【チェックの趣旨】

製造経費の主な内訳として，減価償却費，リース料，水道光熱費，間接材料費，消耗品費，間接労務費が挙げられる。上述の5-9「労務費配賦基準の設定状況」と同様に，会社全体で把握された製造費用を製品種類別又は生産ロット別に何らかの基準を利用して配賦することになる。適切な配賦基準が設定されていること，収集される配賦基準データが正確であること，またそれに基づく製品種類別（あるいはロット別）原価計算が行われていることをチェックする趣旨である。

【よくある問題点】

上述の労務費の問題点と同様，配賦基準が大雑把であり，生産工程の活動実態を反映しない配賦基準によって製品種類別あるいは生産ロット別に製造経費の配賦計算が行われている。

【改善事例】

上述の労務費の改善事例と同様である。すなわち，当初は簡便な製造経費の配賦基準を適用し，その後の原価計算精度向上のニーズが高まった時点で，段階的に高度な配賦基準の設定とそのデータの把握を行うことが望ましいと考える。

＊Column 5＊

配賦基準の例

配賦基準マスタ		基数合計	単位	製品A	製品B	製品C	製品D	Source Data
1	固定従業員数	140.00	人	30	40	20	50	社員台帳
2	製品種類別標準原価	760,000.00	人民元	150,000.00	200,000.00	180,000.00	230,000.00	見積り原価計算表
3	直接作業時間	5,850.00	時間	1,250.00	1,600.00	1,000.00	2,000.00	勤怠管理表
4	直課							

変動費の配賦　（単位：人民元）

費用項目		2010年6月発生額合計	配賦基準	製品A	製品B	製品C	製品D
電力費		100,000.00	3	21,367.52	27,350.43	17,094.02	34,188.03
外注加工費		127,000.00	4	30,000.00	45,000.00	52,000.00	0.00
その他経費			3				
	低額消耗品費	1,200.00	2	236.84	315.79	284.21	363.16
	運輸費	52,000.00	2	10,263.16	13,684.21	12,315.79	15,736.84
	労働保護費	4,800.00	2	947.37	1,263.16	1,136.84	1,452.63
	補助材料費	3,000.00	2	592.11	789.47	710.53	907.89
合計		288,000.00		63,407.00	88,403.06	83,541.39	52,648.56

固定費の配賦　（単位：人民元）

費用項目		2010年6月発生額合計	配賦基準	製品A	製品B	製品C	製品D
減価償却費							
	専用設備減価償却費	1,030,000.00	4	230,000.00	180,000.00	500,000.00	120,000.00
	共用設備減価償却費	300,000.00	1	64,285.71	85,714.29	42,857.14	107,142.86
水道代		10,000.00	1	2,142.86	2,857.14	1,428.57	3,571.43
ガス代		1,000.00	1	214.29	285.71	142.86	357.14
修理費		12,000.00	3	2,564.10	3,282.05	2,051.28	4,102.56
試験研究費							
環境保護費		1,200.00	3	256.41	328.21	205.13	410.26
その他（棚卸差損益）		648.00	1	138.86	185.14	92.57	231.43
合計		1,354,848.00		299,602.23	272,652.54	546,777.55	235,815.68

「労務費や製造経費の配賦基準をどのように設定すればよいか？」という質問はよくある。配賦基準については，理論的には如何様にも細かく設定す

ることができるが，チェックリスト5－9及び5－10で述べたようにあまりにも多種類かつ詳細な配賦基準を設定すると，配賦基準データの収集作業場面において難航する。

　原価計算制度設定当初は，上図のように製品種類別に所属する固定従業員数，製品種類別標準原価（原価見積り時点における標準原価に実際生産数量を乗じたもの）等簡便な配賦基準を設定することがスムーズである。また，生産現場のワーカーを製品種類別に区分できるのであれば，労務日報を記録・集計することなく，人事部門において集計した実際勤務時間（残業時間を含む）を比較的簡単に製品種類別に区分けすることができる場合もある。

　当初は簡易な配賦基準を利用して加工費の配賦を行うとしても，原価計算結果としての完成品原価，単価の分析を通じて，重要な原価に対して徐々に配賦基準を追加していくことが望まれる。配賦基準の追加に際しては，データ収集担当となる従業員と十分に協議を行い配賦基準の必要性についての合意を得る必要がある。

5-13 完成品入庫データの把握状況

チェック手続内容	問題有	問題無	該当なし
完成品入庫数量及び入庫時期が完成品検査表等の根拠に基づき集計されていることを資料閲覧及びヒアリングにより確かめる。			

【チェックの趣旨】

完成品種類別の入庫数量及び入庫時期は，原価計算上の製造原価に影響を与える。完成品検査表等の根拠資料に基づき，完成品数量及び入庫時期の集計が適時適切になされているかどうかをチェックする趣旨である。

【よくある問題点】

完成品検査表の作成及び完成品倉庫への入庫手続は，財務会計による要請よりも生産管理上の要請に基づくものであるため，多くの製造業で確実になされていると思われる。しかしながら，事例では，完成品検査表がない（検査工程担当者は目視にて完成品検査を行っているが，その記録がない）ケースや，個々の完成品に対応する完成品検査表は作成しているものの，その集計がなされず財務会計部門に適時に伝達されていないケースが見られた。この場合，財務会計部門としては，致し方なく①売上計上時に営業部門から入手した出荷数量データ及び②月末時点の完成品実地棚卸数量から，当月の完成品入庫数量を逆算して計算し，原価計算表上の「当月完成品入庫数量」を記入していた。

【改善事例】

生産部門（検査工程）や倉庫部門において，当月の完成品種類別完成数量を集計し，毎月末等定期的に財務部門に伝達するよう，記帳・集計・伝達担当者を明確にした業務フローを作成の上，関連者に周知する必要がある。また，伝達の差異に利用する完成品検査表及び完成品入出庫台帳フォーマットも明確にする必要がある。

5-14　原価計算表の作成状況

チェック手続内容	問題有	問題無	該当なし
集計された原材料費、労務費、製造経費に基づき、原価計算表が作成され、上席者及び経営層により閲覧されていることを資料閲覧及びヒアリングにより確かめる。			

【チェックの趣旨】

　上述の原材料費、労務費、製造経費が集計された後、製品種類別あるいは生産ロット別に原価計算を行うことになる。原価計算表は多くの場合Excelにて作成されている。また、原価計算表を作成すること自体が目的ではなく、製品種類別採算性評価や原価低減活動等にかかる経営層の意思決定に役立てることが目的であるから、原価計算表の作成状況及び上席者（経営層）がモニターしていることをチェックする趣旨である。

【よくある問題点】

　原価計算表は作成されているものの、作成担当者のみが理解できるシートとなっており、第三者が見ても非常にわかりづらい。Excelの機能を使って計算式入力やデータ転記を行っているが、アウトプットした紙面には一切説明がない。作成担当者を呼んでヒアリングすると、一通りの原価計算ロジックは理解できるが、その計算過程及び結果が正しいかどうかを検証するには時間がかかる。

　また、会計担当者が作成した原価計算表が意図的に経営層に提出されていないケースも見られる。経営層が日本人出向者の場合、原価計算表に基づき綿密な原価分析や原因調査に係る指示を中国人会計担当者に出すが、前述のよくある問題点に記載されているような大雑把な原価計算制度では、調査のやりようがなく回答に窮する。

　事例では、日本人経営層からうるさく質問されることを回避するために、恣意的に仕掛品残高を調整し、完成品単価が一定に推移するよう「調整」を行っている中国人会計担当者もいた。

【改善事例】

　原価計算表のフォーマットについては、会計担当者の任意に任せるのではなく、「こうあるべき」というフォーマットを提示することが望ましい。原則は基本のフォーマットに入力してもらい、イレギュラー事項が発生した場合は異常原価報告書

等の別途の書式で経営層に報告するルールとする。

　また，適切な原価計算制度，ロジック体系，データ収集にかかる部門間連携が確立されていなければ，原価計算結果に基づく原因分析は不可能である。原価計算結果の責任を会計担当者や通訳担当者のみに問うのではなく，月次の原価計算結果検討会議を設け，経営層から直接各部門リーダーに問いかける体制を構築する必要がある。

　原価計算制度や帳票フォーマットの作成にあたっては，中国現地法人の実務に習熟したコンサルティング会社の支援を受けることが有効である。

5−15　原価計算表の作成時期

チェック手続内容	問題有	問題無	該当なし
原価計算表が翌月初の適切な時期に作成されていることを資料閲覧及びヒアリングにより確かめる。			

【チェックの趣旨】

　原材料費，労務費，製造経費の集計及び製品種類別又は生産ロット別の配賦基準が明確になった後に，原価計算表を作成することができる。原価計算表の作成，ひいては製品種類別等の製品原価の算出が適時に実施されていることをチェックする趣旨である。

【よくある問題点】

　原材料費，労務費や製造経費の集計を手作業で行っている場合，財務部門における集計及び原価計算表の作成に時間がかかる。算出された製品原価及び採算性評価結果が経営層に提出される時期が遅れれば，その分対策の検討も遅れる。

　中国では毎月10日前後には前月の月次財務諸表を税務局に提出する必要がある。月次の原価計算表の作成に10日以上要している場合は，原価計算結果を月次財務諸表に反映させることができない。その場合は，別途原価実績を示さない簡易な原価計算結果を月次財務諸表に反映させざるを得ない。

【改善事例】

　前項までの原材料費の製品種類別直課，労務費及び製造経費の配賦計算を，正確かつ速やかに行う必要がある。手作業で行っている場合は，直課対象となる直接原材料費の範囲や配賦基準の設定を簡便なものにせざるを得ない。

　原価計算に関連するインプットデータ及びアウトプットデータが多くなる企業においては，ＩＴシステムの導入により原価計算精度の向上及び迅速化を図る必要性が生じる。

∗ Column 6 ∗

原価計算の有用性を左右する３つのポイント

　一口に原価計算といっても様々なレベルがある。単に製品種類別や生産ロット別製品の実際原価を算定するのみならず，生産工程別に原価計算単位を分割する方法（工程別原価計算）や標準原価と実際原価を対比しその差異を分析することまで含む方法（標準原価計算）もある。

　いずれの原価計算方法においても共通するが，経営にとって有用性の高い原価計算結果を取得するためには，原価計算を実施するにあたって，①いかに多くのデータを収集するか，②いかに正確に収集するか，③いかに早く（短時間で）収集するか，の３つのポイントに留意する必要がある。

　「①いかに多くのデータを収集するか」については，原材料の出庫量や単価，労務費にかかる作業単価，直接作業時間や機械作業時間といった配賦基準データ，また産出品にかかる完成品数量，仕掛品月末数量，不良品数量等のデータを製品種類別や生産工程別にいかに緻密にかつボリューム多く収集するかということである。つまり，緻密な原価計算を行うためには，それに要するデータ種類及び量も多くなる。

　「②いかにデータを正確に収集するか」については，上述の①において緻密かつボリュームの多い諸元データを収集できたとしても，これらデータが不正確であれば原価計算結果も不正確となる。また，不作為によるデータ集計ミスのみならず，現場担当者やリーダーが自らの責任を回避するため意図的に原材料出庫量や作業時間を少なく申告したり，製品種類間の費用付け替えといった不正も発生するリスクがある。

　このようなデータの不正確を防止するため，データの収集にあたっては２人一組で実施するといった牽制手続や，計画と実績の対比によるデータ合理性の検証，またＩＴシステムを利用した入力牽制等の対策を講じる必要がある。

　「③いかにデータを早く（短時間で）収集するか」については，上記①②のようにボリュームの多い，かつ，正確なデータを収集するとなると，相応の業務負荷と時間がかかる。ともすれば，原価計算結果を算出するまでに１カ月以上かかり，月次財務諸表への反映やタイムリーな経営判断に役立たないおそれもある。

　対策としては，原価計算に係るデータ収集を月初にまとめて行うのではなく，出庫票を原材料台帳に日々入力する，労務費にかかる残業代や諸手当を週１回集計する等の作業負荷の分散を図ることが考えられる。また費用内容によっては予定単価による費用概算集計も可能と思われる。

　日本親会社及び中国現地法人の経営層にとって，有用性の高い緻密な原価計算及び分析を要求することは当然である。しかしながら，中国現地法人の現場においては，日本親会社の何十年も培われてきた原価計算レベルには到

達していないケースが多い。そのため，中国現地法人における当初の原価計算導入期にあたっては，いきなり複雑・情報量の多い原価計算を導入するのではなく，骨組みを固めてから，利害関係者の理解・納得に応じて徐々にデータ量の増加や正確性の向上を意図する方がスムーズと考えられる。

また，原価計算にかかるデータ量や精度向上ニーズが高まると，手作業による原価計算には限界が生じる。中国現地法人の規模増大や求められる機能の向上に応じて有用性の高い原価計算結果を入手するためには，適宜ＩＴシステムを導入することが望ましいといえる。

① いかに多くのデータを収集するか	② いかにデータを正確に収集するか	③ いかにデータを早く（短時間で）収集するか
【データの例】 ☐ 原材料出庫量 　（原材料種類毎，製品種類毎） ☐ 原材料単価 　（原材料種類毎） ☐ 棚卸減耗損 ☐ 作業単価（職位毎） ☐ 給与賃金額 　（残業・手当含む） ☐ 製造経費発生額 　（勘定科目毎） ☐ 機械稼働時間 　（工程毎，ロット毎） ☐ 機械設置面積（工程毎） ☐ 不良品数量 　（工程毎，製品種類毎） ☐ 仕掛品月末数量 　（製品種類毎） ☐ 仕掛品進捗率 　（製品種類毎） ☐ 完成品産出量 　（製品種類毎） ・ ・ ・	【統制手続の例】 ☐ 原材料出庫量のダブル・カウント 　（倉庫担当者と製造担当者） ☐ 予定消費量と実際消費量の突合せ ☐ 作業時間の上席者によるチェック ☐ 機械作業時間の自動カウント ☐ 完成品数量のダブル・カウント 　（製造担当者と倉庫担当者） ☐ 不良品数量のダブルカウント 　（製造担当者と検査担当者） ☐ 電気メーターの工程毎への設置 ☐ ITシステムを利用したバックデート修正の制限 ・ ・ ・	【集計早期化の手法】 ☐ 原材料出庫票の日々入力 ☐ 残業代・諸手当を週1回集計 ☐ 概算での未払費用・未払金の計上 ☐ 予定単価の利用 ☐ 電算システム化 ・ ・ ・

5−16　異常原価の分析状況

チェック手続内容	問題有	問題無	該当なし
異常な製品（又はロット）単価については分析が行われており，その結果が経営層に伝達されていることを資料閲覧及びヒアリングにより確かめる。			

【チェックの趣旨】

　原価計算は製品種類別又は生産ロット別の製品原価を算出することのみが目的ではない。算出された原価情報を利用して，生産原価の単価月次推移の変動や原価標準と実績の比較を通じて原価低減の糸口を掴むこと，販売単価の妥当性を検証すること，さらには将来の経営計画や予算立案に役立てることが原価計算の目的である。

　中国現地法人において算出された原価計算結果が，異常原価分析等の作業を通じて経営の向上に利用されており，また経営層の意思決定に役立っていることをチェックする趣旨である。

【よくある問題点】

　原価計算結果が財務会計部門内のみで保有され，生産工程が関与した原価の分析まで至っていない。また，原材料の製品別直課方法や加工費の配賦方法が大雑把である場合は，経営層が異常原価等の分析を財務会計部門に指示しても満足のいく分析結果が提示されない。

　また，日本人経営層としても原材料原価や製品の採算性情報が現場従業員に洩れることを嫌うケースがある。その場合は原価計算結果を生産現場に提示して分析や原価低減施策の協議を行うことができない。

【改善事例】

　まず，中国現地法人全体，特に財務会計部門において，原価計算は財務諸表作成目的のみならず原価管理や生産性向上の目的に利用されるものであることを認識していただく必要がある。

　また，原価計算の精度が低い段階においては，異常原価分析を行っても日本人経営層の満足のいく分析結果が提示されないことがある。その場合は分析が困難な理由及び原価計算制度の不備がどこにあるのかをヒアリングと現場視察により丹念に確かめる必要がある。

　そもそも中国では共産主義に基づく計画経済の背景を理由としてか，原価計算結果

を原価低減と採算性向上に役立てるという考え方や実務が浸透していない。にもかかわらず，原価計算精度と分析技術の向上を中国人原価計算担当者のみに期待しても実効性がない。

この点については，原価分析の意義，具体的手法，帳票フォーマットを経営管理層主体で定め，それを運用するためのルール化と関連担当者（会計担当者のみならず生産部門，生産管理部門，購買部門，営業部門等）への説明，周知が必要になる。

5-17　不良品原価の算定状況

チェック手続内容	問題有	問題無	該当なし
不良品原価が算定され，工程改善に利用されていることを資料閲覧及びヒアリングにより確かめる。			

【チェックの趣旨】
　どの製造業においても不良品発生は避けたい事象である。大抵の製造業において設計段階から不良品低減のための施策が講じられているが，実際の生産工程現場では少なからず不良品が発生する。不良品「数量」については多くの工場でも把握され，対策の検討・実施がなされているが，不良品「金額」としては算定されていない，または算定されていても精度の低い金額であるケースが多い。
　原価低減の効果を金額ベースで図るためには，不良品原価算定についても製品原価計算制度に含めることが望ましい。

【よくある問題点】
　不良品数量は把握されているものの，不良品原価が算定されていない。原価計算制度において完成品原価と仕掛品原価は算定されているものの，不良品は独立把握されずに完成品原価又は仕掛品原価，又はその両方の原価に含めて計上されている。
　一口に不良品といっても，生産工程のどの段階で発生したかによって進捗率や原価負担割合が異なるはずである。また，完成品数量単位は「台」であるが不良品を把握する際の数量単位は「メートル」である場合のように，不良品数量をいかに完成品数量単位に換算し，原価計算過程に組み込むかという計算テクニック上の問題も生じる。
　さらには，多額の不良品が発生した場合は，生産現場リーダーの責任問題にもつながる。そのため，生産現場としては意図的に不良品発生数量を過少報告することもある。それでは財務会計部門として実態を反映した不良品原価を算定することはできない。

【改善事例】
　まずは生産現場において正確に不良品発生数量を把握する必要がある。検査工程において発見された不良品数量については過少申告する誘因に乏しいが，各生産工程において発見される不良品については，ダブルチェック等の牽制作業を組み込むことが望ましい。

次に，不良品把握数量の単位については，できるだけ完成品数量単位に一致させることが原価計算の観点からは望ましい。しかしながら，生産工程の初期段階で発見された不良品等，必ずしも完成品数量単位と一致しない不良品数量単位となる場合は，当該不良品について原材料の予定単価で評価する等の対策を行っている事例もある。

さらに，財務会計部門が作成する原価計算表の産出金額欄に完成品及び仕掛品のみならず不良品欄を設け，完成品，仕掛品と同列に不良品金額を算出できるよう計算ロジックを構築し運用する。

【参考6：原価計算表の基本例】

原価計算表
201×年〇月

作成者	確認者	副総経理	総経理

【当帳票の目的】
　各原価要素額を，製品種類ごとに完成品と仕掛品に按分する。
【記入マニュアル】
　1．　　　の箇所に入力する。
　2．財務課担当者が作成・入力し，財務課長が確認する。
　3．加工費計算にあたって，不良品の進捗率は100％，仕掛品の進捗率は50％とする。
　4．毎月8日までに財務課長は副総経理及び総経理に提出する。
【完成品原価の計算式】
〈原材料費〉

$$\frac{月初仕掛品原価＋当月投入原材料費}{当月完成品数量＋当月不良品数量＋当月末仕掛品数量} \times 当月完成品数量$$

〈労務費及び製造経費〉

$$\frac{月初仕掛品原価＋当月投入原材料費}{当月完成品数量＋当月不良品数量＋(当月末仕掛品数量)} \times 当月完成品数量$$

(単位：人民元)

	製品種類	製品A	製品B	製品C	製品D						
I N P U T	1．月初仕掛品原価			0.00	0.00	0.00	0.00	0.00	0.00	0.00	0.00
	1－1　原材料費										
	1－2　労務費										
	1－3　製造経費	0.00		0.00							0.00
	1－3－1　変動費										
	1－3－2　固定費										
	2．当月投入原価	0.00		0.00	0.00	0.00	0.00	0.00	0.00	0.00	0.00
	2－1　原材料費										
	2－2　労務費										
	2－3　製造経費	0.		0.00							
	2－3－1　変動費										
	2－3－2　固定費										
	INPUT合計	0.00	0.00	0.00							0.00
O U T P U T	3．当月完成品原価										
	3－1　原材料費										
	3－2　労務費										
	3－3　製造経費										
	3－3－1　変動費										
	3－3－2　固定費										
	3－4　当月完成品数量										
	4．当月不良品原価										
	4－1　原材料費										
	4－2　労務費										
	4－3　製造経費										
	4－3－1　変動費										
	4－3－2　固定費										
	4－4　当月不良品数量										
	5．月末仕掛品原価										
	5－1　原材料費										
	5－2　労務費										
	5－3　製造経費										
	5－3－1　変動費										
	5－3－2　固定費										
	5－4　当月末仕掛品数量										
	5－4－1　完成品換算数量	0.00	0.00	0.00	0.00	0.00	0.00	0.00	0.00	0.00	0.00
	OUTPUT合計	0.00	0.00	0.00	0.00	0.00	0.00	0.00	0.00	0.00	0.00

注記（矢印で示された説明）：
- 1．月初仕掛品原価 ← 前月の原価計算表から転記
- 1－3　製造経費 ← 原材料費集計表から転記
- 2．当月投入原価 ← 労務費集計表から転記
- 2－3　製造経費 ← 製造経費集計表から転記
- 3－3－1　変動費 ← 生産日報から転記
- 4－3－1　変動費 ← 生産日報から転記
- 5－3　製造経費 ← 仕掛品棚卸表から転記

5-18　原価差額の処理状況

チェック手続内容	問題有	問題無	該当なし
標準原価計算を採用している場合，原価差額を適切に分析の上，完成品，仕掛品，売上原価に按分していることを資料閲覧及びヒアリングにより確かめる。			

【チェックの趣旨】

　中国においても標準原価計算制度を採用することは可能である（Column 7「中国では標準原価計算制度を利用できるのか？」を参照）。

　標準原価計算の特性は，標準原価による原価計算の迅速化のみならず，標準原価と実際原価の差異を分析し，原価低減や標準原価の見直し，ひいては将来の利益予測に利用することにある。本項目では，原価差異が適切に分析され，また当月の完成品，仕掛品及び売上原価に適切に按分する会計処理が行われていることをチェックする趣旨である。

【よくある問題点】

　原価差額が適切に分析されていない。

　原価差額を分析するためには，生産工程内の実際原価発生態様のみならず，為替レートの変動や仕入先からの仕入単価変動要因等経営環境を取り巻く諸要因について横断的かつ専門的な知識がなくてはならない。中国では部門間あるいは担当者間で情報連携が断絶されがちであり，また経験が未熟な中国人担当者では十分な原価差異分析を行い得ないことが多い。

　さらに財務会計部門でも標準原価計算運用実務についての知識と経験がなく，多額の原価差異が発生していても分析を行うことなく全額売上原価に計上するといった会計処理も見られる。これでは中国においても税務上損金過大計上の指摘を受けるリスクがある。

【改善事例】

　原価差異の分析を適切に行い，経営判断に役立てるまでに至っている事例は非常に少ない。原価差異を適切に分析するためには，その前提として上述のように原材料費，労務費，製造経費の実際金額が適正に算定され，その内訳を標準原価の内訳と詳細に対比し分析できる体制が構築されている必要があるからである。

　また，原価差異分析担当者に求められるスキルを満たす中国人担当者は容易に雇用

できるものではない。この点については，日本親会社で経験を経た日本人出向者の業務とせざるを得ないと思われる。しかしながら，長期的には会社内外の情報を横断的かつ専門的に分析する中国人人材を育成することは可能である。

また，後述するColumn 7に記載するとおり，中国では標準原価計算に係る会計処理実務が浸透していない。そのため，会計担当者に対してはゼロから懇切丁寧に標準原価計算の意義，会計処理方法について説明の上，規定と会計処理フォーマットを作成して提示する必要がある。

＊Column 7＊

中国では標準原価計算制度を利用できるのか？

「中国の会計基準の下では，標準原価計算制度は適用できない」という話を聞くことがある。確かに，中国の会計基準や税法には標準原価計算制度にかかる規定はない。また，税務会計を主眼とする中国会計実務においては，会社全体の実際原価計算がなされればよく，標準原価計算を利用した製品種類別あるいは原価費目別の原価管理や生産管理は実務上浸透していない。標準原価計算制度をよく理解していない中国人に対して「製品を標準原価で計算する方法」と説明すると，「中国では標準原価計算制度は適用できない」という回答になるものと思われる。

しかしながら，中国の公認会計士（**中文：注冊会計師**）試験の教科書においては，1章を割いて標準原価計算制度に関する説明が記載されており，標準原価の概念，意義，計算方法，原価差異の種類と分析方法，会計処理に至る理論が一通りなされている。この点から，中国においても標準原価計算を利用できる礎ができていると考えられる。

現段階の中国では，標準原価は教科書上の理論的な考え方であるが，中国公認会計士による指導を通じて将来は実務上浸透していくと思われる。

また，日系中国現地法人において標準原価制度を実際に採用している事例があるが，それ自体が会計上あるいは税務上問題と指摘されている事例は見当たらない。

原価差異の会計処理方法について，日本では税法上「原価差額が少額（総製造費用のおおむね1％相当額以内の金額）である場合において，法人がその計算を明らかにした明細書を確定申告書に添付したときは，原価差額の調整を行わないことができるものとする。」（法人税基本通達5−3−3）と定められているが，中国の税法上には該当する規定がない。

私見では，中国において多額の原価差額が発生した場合や原価差額の分析が十分にできない場合は，原価差額を完成品，仕掛品，売上原価に按分する会計処理方法が，税務調査リスクを低減する方法であると考える。

5－19　棚卸マニュアルの整備・運用状況

チェック手続内容	問題有	問題無	該当なし
棚卸マニュアルが作成されており，各部門に周知されている。また各部門は棚卸マニュアルに準拠して棚卸手続を行っていることを資料閲覧及びヒアリングにより確かめる。			

【チェックの趣旨】

　倉庫部門がメインとなる原材料の棚卸と異なり，完成品，仕掛品の棚卸に際しては，生産工程を含む多くの人員が棚卸に参画する。多くの人員を統括して一定水準以上の棚卸手続を遂行するためには，具体的な作業手順を示したマニュアルを策定し，棚卸関係者に周知させる必要がある。

　具体的な棚卸マニュアルに沿って，実際の運用がなされているかどうかをチェックする趣旨である。

【よくある問題点】

　棚卸マニュアルが存在せず，口頭で棚卸の指示を行っている。

　誰が，いつ，どのような帳票を使用して，どのように実地カウントを行い，集計するかが文書で明確になっていない。その結果，一部の担当者のみが棚卸を行い，ダブルカウントの牽制や財務会計部門による立会いも行われず，不十分な棚卸データしか収集されない。

　財務会計部門はこのような棚卸データを信用せず，原価計算や完成品残高に係る財務会計上の会計伝票には反映させない。その結果，製造原価を全額売上原価に計上するといった奇妙な会計処理が行われる。

【改善事例】

　まずは工場全体の整理・整頓を行い，棚卸を行う基礎的環境を整える。次に棚卸マニュアルを策定するが，策定に際しては一方的に複雑な棚卸手続を定めるのではなく，協力を得る生産現場リーダーや担当者の意見もヒアリングする。ヒアリングの過程で棚卸手続のみならず生産工程上の問題点も発見されることもある。

　また，制定した棚卸マニュアルを関係者，特に実際に棚卸カウントを行う現場担当者に説明し，運用についての合意を得る。

　期末の棚卸がなされた後，棚卸マニュアルのとおりに実際の運用がなされたかどう

かを，マニュアルに沿って確認する。不備があれば，担当者への指導又は棚卸マニュアルの改訂を行う。

　棚卸マニュアルの例については，【参考２】76ページを参照されたい。

5-20　外部預け完成品・仕掛品の確認状況

チェック手続内容	問題有	問題無	該当なし
顧客の倉庫に預けている完成品，及び外注加工先に保管されている仕掛品について，定期的に完成品・仕掛品種類別残数量に係る残高確認書を入手していることを，資料閲覧及びヒアリングにより確かめる。			

【チェックの趣旨】

　特に自動車関連業界に多いケースとして，一旦顧客に完成品を納品するものの，売上計上（＝顧客への売掛金請求額）の対象となるのは顧客が検収を完了し生産工程に投入した完成品とする旨契約書で合意している場合がある。また，当社における生産工程の内，研磨工程等一部の工程のみは外注加工業者に委託するため，当社の資産である仕掛品が外注加工業者に一時的に保管される場合もある。

　完成品や仕掛品を外部に預けている場合に，棚卸時において外部預け先から当社の資産である完成品及び仕掛品残高の報告を残高確認書の形式で入手しているかどうかをチェックする趣旨である。

【よくある問題点】

　外部預け完成品に関して，顧客から残高確認書を送付してこない。顧客からは製品の検収通知は送付してくるが，それで十分と認識しているようである。

　外部預け仕掛品に関しても，外注加工業者から残高確認書を送付してこない。仕掛品払出し時点では，仕掛品受取書に受領サインを記載し，加工後仕掛品納品時点では納品書を提出しているが，それで十分と認識しているようである。

【改善事例】

　確かに，完成品については顧客の検収作業に１～２日程度要する場合に，１～２日間保管される完成品残高に対して確認書を要求する実務は少ないと思われる。しかしながら，顧客の生産の都合によるバッファーとして，多量の完成品を顧客に預けている場合は，毎月末等定期的に預かり在庫数量に係る報告を書面で顧客から入手する必要がある。

　外部預け仕掛品についても同様である。外注業者に預ける仕掛品が多量となる場合は，毎月末等定期的に預かり在庫数量に係る報告を書面で入手する必要がある。

5-21　滞留完成品及び仕掛品の把握状況

チェック手続内容	問題有	問題無	該当なし
生産したものの長期間滞留している完成品，又は生産途中のまま長期間経過している仕掛品について，その品種別数量，内容，原因を把握し，必要に応じて評価減の会計処理を行っていることを，資料閲覧及びヒアリングにより確かめる。			

【チェックの趣旨】

　棚卸資産の評価を適切に行うために必要となる，完成品及び仕掛品の年齢構成データが適切に生成されていること，並びに棚卸資産評価減の要否に係る検討がなされていることをチェックする趣旨である。

【よくある問題点】

　完成品及び仕掛品に係る年齢構成表が作成されておらず，棚卸資産評価減に係る検討もなされていない。

　原因としては2つがよく見られる。1つ目は帳簿上の技術的な問題であり，Excel等で完成品入出庫台帳を記帳している場合に，完成品種類別残数量それぞれについて，いつ完成入庫したものかまで分類集計することが困難である（つまり，期末時点の完成品残高を，完成入庫日の時系列に展開して表示できない）ケースである。完成品現物に貼付されている合格証日付から，完成品在庫の入庫日を記録し年齢構成表を作成することは理論的に可能であるが，多量の完成品在庫現物に対して実施すると相応の業務負荷を要する。

　2つ目の原因としては，滞留完成品を明確にしたくないという現場の意図が働くケースである。受注生産型企業に多いケースであるが，そもそも顧客からの受注に基づき生産したにもかかわらず，完成品を顧客に引き取ってもらえない理由としては，営業担当者の錯誤で生産指示を行った，もしくは不良品や規格誤りであるため顧客に引き取ってもらえない状況が考えられる。このような場合，不要な完成品（あるいは不良品）を生産した責任が問われることになるが，その責任を問われる者としては，滞留完成品在庫の状況を明確にしたくない。

【改善事例】

　滞留完成品及び仕掛品の把握方法については，①見込み生産である場合は，１年以上等，一定期間以上出荷のない製品種類に係る完成品及び仕掛品は滞留として今後の販売可能性を検討することが考えられる。

　②受注生産については，顧客からの受注，生産指示ロット番号，完成品出荷データをひも付きで管理し，長期間未出荷となっている完成品ロットを時系列に展開し年齢構成表として把握することになる。そのためには，ＩＴシステムの導入を行うことが有効である。

　また，滞留完成品及び仕掛品を把握する目的としては，会計上の棚卸資産減損処理のためではあるが，もう１つの目的として滞留資産の転売可能性を検討するとともに，今後の顧客との交渉，受注活動や生産指示作業にフィードバックすることが挙げられる。このことを営業担当者及び生産指示担当者に理解していただく必要もある。

5-22　仕掛品・完成品の棚卸状況

チェック手続内容	問題有	問題無	該当なし
棚卸表の閲覧及びヒアリングにより各製品種類ごとに仕掛品，完成品数量が把握されていることを確かめる。			

【チェックの趣旨】

　仕掛品及び完成品の棚卸カウント結果を原価計算に反映させるためには，これらが製品種類別に把握されている必要がある。製品種類別の仕掛品及び完成品の棚卸カウントが正確に実施されているかをチェックする趣旨である。

【よくある問題点】

　生産工程内の仕掛品や完成品倉庫内の製品置き場が，原価計算上の製品種類別に沿って整理されている場合は，特に問題は生じない。

　しかしながら，工場内で製品種類別の仕掛品置き場が混在している場合は，仕掛品のカウントが困難になる。また，実地棚卸カウントを行う担当者に仕掛品，完成品棚卸の趣旨が伝わっておらず，過度に詳細（例えば，製品規格ごと）な棚卸を行い，原価計算表上の製品種類分類と整合させる作業に時間がかかることになる。この場合，実地棚卸カウントを行う生産現場担当者も原価計算を担当する会計担当者にも不要な作業を行わせることになる。

【改善事例】

　まずは工場内を整理・整頓し，製品種類毎の生産ラインを明確にすることが望まれる。完成品についても倉庫内の整理・整頓を行うことが望ましい。

　また，仕掛品の棚卸に際しては，工程初期段階の仕掛品は完成品の形になっておらず原材料の形に近い場合があり，単純に1台，2台というような完成品カウント単位に基づくカウントが行えない場合がある。

　このような場合は，製造指図書や生産計画に基づく書面上の理論仕掛品数量に基づき，実際に相応する仕掛品が工程内に存在することを確認することをもって仕掛品の棚卸とすることも考えられる。製造指図書や生産計画には完成品の数量単位で生産指示がなされることが通常であるため，この方法であれば合理的に仕掛品の実在性を確認することができる。

　また，得意先に完成品を預け，得意先が消費した製品量に応じて代金の請求を行っ

ている場合（自動車メーカー系列に多い）は，棚卸に際して得意先から預かり証を入手するといった対応も必要である。

5-23　棚卸表の提出タイミング

チェック手続内容	問題有	問題無	該当なし
棚卸表は各部門により適時に作成され，適時に財務部に提出されていることをヒアリングにより確かめる。			

【チェックの趣旨】

　いかに正確な棚卸表が作成されても，財務会計部門への提出時期が遅ければ，決算手続期間中に完了すべき原価計算に反映できないおそれがある。期末棚卸の結果が，翌期首の早期に財務会計部門に提示されているかどうかをチェックする趣旨である。

【よくある問題点】

　完成品・仕掛品の棚卸表は棚卸日当日に記入するとしても，帳簿残数量との照合，差異の分析，帳簿残数量の修正，棚卸差損益金額の算定に時間がかかり，翌期首の原価計算実施時期に間に合わないケースがある。その場合，財務会計担当者としては，製造原価を全額売上原価として計上するといった会計処理を行わざるを得ない。

【改善事例】

　年1回年度末のみに実地棚卸を行うのではなく，多くの中国現地法人の場合，毎月末に実地棚卸を行っている。その理由は，中国ではモノの紛失，特に横領のリスクが比較的高いため，実物の管理は厳重に行うべきという意識が日本よりも高い。

　また，実地棚卸を毎月行うことにより，集計や棚卸差異分析を含む棚卸手続に習熟することができる。棚卸マニュアルに沿って棚卸手続を行い，実施とチェック，改善を繰り返すことにより棚卸手続の早期化を図る。

5-24　各管理台帳と総勘定元帳との一致

チェック手続内容	問題有	問題無	該当なし
原価計算表，原材料入出庫台帳等の諸台帳の期末残高と，会計システムの各勘定科目残高が一致していることを毎月確認しているかについて，ヒアリングにより確認する。			

【チェックの趣旨】

　データの転記誤りや漏れを防ぐためには，月次決算に際して諸台帳と会計システム残高を事後的に照合し，データ連携の正確性を検証する必要がある。

【よくある問題点】

　会計担当者及び会計責任者は，各種台帳と会計システム残高を照合しているが，その証跡（確認サイン）を記載していない。

【改善事例】

　決算マニュアル等に，会計システム残高と照合すべき台帳の種類，照合時期，担当者を記載し，関係者に周知させる。また，照合・確認を行った担当者又は責任者は，帳票に確認した旨のサインと日付を記載することを徹底する。

6 固定資産管理

6-1 合い見積りの入手状況

チェック手続内容	問題有	問題無	該当なし
固定資産購買に際して，合い見積りを原則としている旨をサンプリングによる資料閲覧及びヒアリングにより確かめる。			

【チェックの趣旨】

　固定資産等，比較的単価の高い物品の購入に際しては，その性能のみならず購入金額や購入先の比較検討を行うことが望ましい。必要に応じて合い見積りを行った証跡が残されていることをチェックする趣旨である。

【よくある問題点】

　合い見積りの比較検討を行った資料が残されていない。また，合い見積りを取る購入取引対象も規程等で明確にされておらず，購入の意思決定過程も文書上の記録に残されていない。

　原材料の発注と同様に，発注申請書や支払申請書に上席者の承認サインは記載されているが，発注意思決定に至った過程が不明確となっている。

【改善事例】

　実務上，全ての固定資産購入取引に際して合い見積りを入手する必要があるわけではない。例えば，機械設備を日本親会社から取得する場合や，顧客の指定により特定された金型等設備を購入する場合は，合い見積りの入手を要しない。

　しかしながら，社用車やパソコン等の汎用的固定資産，工場増設等については，合い見積りを入手し，性能と代価の比較検討を行い，支出節減を意図することは経営において重要である。

　そのため，固定資産の取得決裁書フォーマットを作成し，取得申請する固定資産の内容，使用使途，効果，予算金額を記載するとともに，合い見積りの要否も上席者の承認項目とする。合い見積りが必要と判断された固定資産取得に際しては，複数の取引先から見積書を入手し，比較した証跡を残す。

　これら手続について，固定資産取得管理規程を策定し，関連従業員に周知させる。

Column 8

固定資産の定義

　「中国において，固定資産として計上すべき金額基準はいくらか？」という質問をよく受ける。結論から言うと，「金額基準目安は5,000人民元」となる。

　同じ質問を中国人会計担当者に問うと，「中国には固定資産の金額基準はない。1年を超えて利用される資産が固定資産である」という回答が返ってくることが多い。しかしながら実務上，固定資産と消耗品費を区分するためになんらかの金額的基準が必要である。

　確かに，中国の会計基準上では，「固定資産とは，以下の特徴を同時に備える有形資産をいう。(一) 商製品の生産，役務の提供，賃貸又は経営管理の目的で保有するもの，(二) 耐用年数が1会計年度以上のもの (企業会計準則 (2006年制定) 第4号固定資産　第3条)」と規定されており，金額基準は記載されていない。

　これら基準に基づき，「中国では固定資産の金額基準はない」という冒頭の中国人会計担当者の回答になっている。

　しかしながら，中国の《固定資産の加速減価償却政策に関する問題の公告》(国家税務総局公告 [2014] 64号) 第3条において，「企業が所有する固定資産のうち単価が5,000元を超えないものについては，課税所得から一括して控除することができる。企業が2013年12月31日以前から所有する，単価が5,000元を超えない固定資産については，その未償却部分を2014年1月1日以降一括して企業所得税額から控除することができる。」と規定されている。

　本税務公告が公布される以前は税務基準上も明確な金額基準がなかったため，旧企業会計制度 (2001年制定) による金額基準2,000元が採用されている事例が多かった。本税務公告は，その後の中国経済のインフレーションを考慮して金額基準を5,000元とする旨を明確にする趣旨である。

6-2　購買承認の運用状況

チェック手続内容	問題有	問題無	該当なし
固定資産の購買に際しては，一定のルールに基づいて起案者，承認者の承認証跡が残されていることをサンプリングによる資料閲覧及びヒアリングにより確かめる。			

【チェックの趣旨】

　高額な固定資産の購入に際しては，購入理由，効果，予算額，合い見積りの状況，起案者名，承認者名を決裁書に記載し，購入に至ったプロセスを明確にする必要がある。固定資産取得にかかる決裁書が適切に作成されていることをチェックする趣旨である。

【よくある問題点】

　固定資産取得に係る決裁書が作成されていない。

　特に中国現地法人では，高額の購買に係る決裁権限が日本人経営層に集中していることが多い。そのため，中国人幹部としても「総経理が承認した」という状況があれば，発注手続に入る。この際，購入決裁書のような記録があればよいが，口頭の承認や，支払額しか記載されていない支払決裁書への総経理承認サインのみが証跡となっているケースがある。

【改善事例】

　固定資産取得に際しての決裁書フォーマットを作成し，起案者に記載させ，金額基準に応じて上席者の承認証跡を残すことを規程化する。

　また，日本親会社から固定資産設備を購入する場合等，起案者が日本人出向者となる場合でも，ルールを遵守し，固定資産購入に係る決裁書を作成する必要がある。

6-3 固定資産取得と固定資産台帳の整合性

チェック手続内容	問題有	問題無	該当なし
固定資産を取得した場合は固定資産台帳に記帳されるルートが確立されていることを資料閲覧とヒアリングにより確かめる。			

【チェックの趣旨】

　固定資産を取得した場合，財務会計部門において固定資産取得に係る会計伝票を起票するとともに，固定資産台帳に記入し減価償却費の計上に備える必要がある。固定資産取得に係る情報が適時に財務会計部門に伝達され，適切な会計処理がなされるルートが確立されていることをチェックする趣旨である。

【よくある問題点】

　固定資産購入に係る決裁状況や納品状況が財務会計部門に適時に伝達されない。財務会計部門が固定資産購入事実を知る時点が，代価の支払決裁書（承認済み）が回付された時点となっており，タイムリーでない。

　また，固定資産取得に際して前渡金を支払う場合，支払金額を会計担当者は一旦建設仮勘定に計上するが，その後の納品・検収・稼働状況が会計担当者には知らされず，固定資産勘定への振替えがなされないまま放置され，減価償却費も計上されない。

【改善事例】

　前項の固定資産購入に係る決裁書は，購入手続前に財務会計部門にも伝達される必要がある。会計担当者は，決裁書起案者に固定資産検収通知書を記入させ，固定資産の検収，稼働開始時期を財務会計部門に回付させる必要がある。

　また，会計担当者は購入決裁書や固定資産検収通知書といった書類のみにより会計処理を判断するのではなく，取得した固定資産現物を目視し，その機能や内容に応じて会計処理を行う必要がある。

　これら固定資産取得に係る一連の手続を規程化し，関連部門に周知させる。

6－4　固定資産マスタ・データの入力確認状況

チェック手続内容	問題有	問題無	該当なし
固定資産管理に係るITシステムを導入している場合，固定資産マスタ・データの入力時にプルーフリストのアウトプット等により入力データの正確性を確認していることについて，資料閲覧及びヒアリングにより確かめる。			

【チェックの趣旨】

　ITシステムを導入している場合，各種マスタ・データ入力の正確性は非常に重要となる。固定資産マスタ・データに関しては，固定資産コード，名称，規格，数量，取得日，耐用年数，管轄部門等が構成項目となる。これらの入力が誤っていると，関連する減価償却費が適正に計算されなくなる。また，後日の固定資産棚卸に際して，対応する固定資産現物との照合が困難となる。

　ITシステムへのマスタ・データ入力に係る正確性のチェック方法としては，システムからプルーフリストをアウトプットの上，上席者等第三者による入力確認を行うことが代表的である。これら統制が行われているかどうかをチェックする趣旨である。

【よくある問題点】

　マスタ・データの入力確認手続が行われていない。固定資産については，財務部門等の担当者が固定資産管理システムにマスタ・データ入力を行っているが，担当者1人の目視確認に任されており，プルーフリストのアウトプットや第三者による確認サインは残されていない。

【改善事例】

　固定資産マスタに限らず，全てのマスタ・データを入力する際は，システムへの入力データを確認する手続を行う必要がある。確認方法としては，上述のプルーフリストをシステムから紙ベースでアウトプットし，上席者等第三者による確認サインを記載することが一般的であるが，システムによっては画面上で第三者の承認入力を行う機能が備わっているものもある。

　また，年1度等の固定資産棚卸に際して判明した，廃棄済み資産に係る固定資産データは削除する必要がある。

6－5　発票の入手状況

チェック手続内容	問題有	問題無	該当なし
固定資産の取得に際して，適切な発票が入手されていることを確かめる。			

【チェックの趣旨】

　中国では，物品の購買に際して発票の取得が企業に義務付けられている。取得していなければ，固定資産については減価償却費を損金算入できない。

　固定資産取得に際して，適切な種類の発票を入手しているかどうかをチェックする趣旨である（発票については Column 3「発票とは何なのか？」参照）。

【よくある問題点】

　多くの中国現地法人において，固定資産取得に係る発票の入手の必要性は認識されている。

　しかしながら，仕入先に前渡金を渡して設備の納品を受けたものの（前渡金の支払段階では「発票」は入手されないことが通常），残金を支払わないため仕入先から発票の交付を受けられず，長期間経過してしまっているケースもある。

【改善事例】

　棚卸資産の購買と同様，固定資産取得に際しても適切な発票を仕入先より入手する必要がある。

　また，前渡金や建設仮勘定については，固定資産納品・据付け完了時に適時に発票を入手し，固定資産本勘定に振り替えているかを確認する必要がある。

6－6　資本的支出と収益的支出の区分

チェック手続内容	問題有	問題無	該当なし
固定資産の修繕費について，資本的支出と収益的支出の区分がなされ会計，税務処理がなされていることをヒアリングにより確かめる。			

【チェックの趣旨】

　中国の企業所得税税制上，固定資産の修繕費については，「企業が建物又は構築物の構造を変更し，使用年数等を延長するために発生する支出」については一旦長期前払費用に計上し，10年間で償却することが要請されている（中国企業所得税法第13条，中国企業所得税法実施条例第68条，69条）。

　固定資産の修繕費について画一的に費用処理するのではなく，上記基準に基づいて資本的支出と収益的支出の区分に基づく会計処理がなされていることをチェックする趣旨である。

【よくある問題点】

　固定資産の修繕費の内，長期前払費用に計上するケースはほとんど発生しない。通常の場合，修繕費をそのまま期間費用として計上することで足りる。

　しかしながら，税務上のリスクを避けるため，会計担当者に上記企業所得税の規定を理解しているかどうかをヒアリングで確かめることが望まれる。

6－7　固定資産の異動記録状況

チェック手続内容	問題有	問題無	該当なし
製造工程間や部門間の固定資産異動に際しては，異動申請が財務部になされ，固定資産台帳上の管理部門が変更されていることを資料閲覧及びヒアリングにより確かめる。			

【チェックの趣旨】

　生産工程のレイアウト変更や，新工程の設置に伴い，既存の固定資産設備の設置場所が異動となることがある。その場合は各現場から固定資産の異動申請書が財務会計部門に提出され，固定資産台帳上の保管場所を書き換え，後日の固定資産棚卸に備える必要がある。これらが意識して実施されているかどうかをチェックする趣旨である。

【よくある問題点】

　生産工程の担当者及びリーダーは，生産に都合のよい固定資産の配置や異動を行う。これ自体に問題はないが，固定資産の設置場所が財務会計部門において書面（固定資産台帳）上に記録・管理されていることを忘れて，異動の情報を財務会計部門に伝達しないことがある。

　その結果，固定資産台帳に基づき固定資産残高の実在性を確認する棚卸に際して，固定資産が見当たらない状況が発生する。生産現場担当者の記憶を頼りに異動された固定資産設備を探すことになるが，担当者が退職していたり，大規模工場においては探し当てるに至らないこともある。

【改善事例】

　固定資産の異動に際しての異動申請書のフォーマットを作成し，関連部門に周知させる。

　また，年1回固定資産の実地棚卸を行い現物の確認を行うとともに，固定資産台帳に記載されている保管場所と実際の設置場所が一致していることを確認する。加えて，生産ラインのレイアウト変更による大規模な固定資産異動を行う際は，財務会計部門も参画させ，固定資産台帳上の保管場所も変更するよう指示する。

6－8　固定資産の識別ラベルの添付状況

チェック手続内容	問題有	問題無	該当なし
取得した固定資産には，固定資産番号，固定資産名称，管理部門，取得日等の情報がラベルの形で固定資産現物に添付されていることをサンプリング及びヒアリングにより確かめる。			

【チェックの趣旨】

　固定資産台帳と現物のひも付きを明確にするためには，固定資産現物に識別ラベルを添付することが望ましい。固定資産現物に識別ラベルが添付されていることをチェックする趣旨である。

【よくある問題点】

　固定資産現物に識別ラベルが添付されていない。小規模の企業であれば会計担当者や現場担当者の記憶に基づき固定資産台帳と現物を照合できるが，大規模工場になると記憶ベースでは照合できない。

　このような中国現地法人においては，往々にして固定資産の実地棚卸が行われた形跡がない。

【改善事例】

　固定資産の取得に際しては，固定資産検収通知書上に固定資産台帳と整合する固定資産番号を付与する。財務会計部門は固定資産識別ラベルを発行し，現場に保管されている固定資産現物に添付する。

　これら手続を規程化し，関連部門に周知する。

【参考7：固定資産識別ラベルの例】

固定資産台帳

固定資産番号	勘定科目	固定資産名称	保税の区分	取得日	利用部門	管理責任者	設置場所	取得価額	耐用年数	減価償却開始月
3901001	建物及び構築物	工場第1期	国内	2010年12月15日	工場全体	工場長	本社工場	10,000,000.00	20年	2011年1月
3901002	建物及び構築物	配電室電力設備	国内	2010年12月15日	工場全体	保全課長	本社工場	1,500,000.00	20年	2011年1月
3902001	機械設備	研磨機	保税	2011年1月15日	研磨工程	研磨工程班長	工場A区	1,200,000.00	10年	2011年2月
3902002	機械設備	プレス機	保税	2011年1月15日	プレス工程	プレス工程班長	工場A区	800,000.00	10年	2011年2月
3903001	電子設備，器具	DELLパソコン	国内	2011年2月5日	財務部	財務部長	財務部	6,000.00	3年	2011年3月
3903002	電子設備，器具	Canonプリンター	国内	2011年2月5日	総務部	総務部長	総務部	58,000.00	3年	2011年3月

固定資産識別ラベル

固定資産番号	3901001
固定資産名称	工場第1期
取得日	2010年12月15日
保税区分	国内
利用部門	工場全体
管理責任者	工場長
設置場所	本社工場

固定資産識別ラベル

固定資産番号	3901002
固定資産名称	配電室電力設備
取得日	2011年12月15日
保税区分	国内
利用部門	工場全体
管理責任者	保全部長
設置場所	本社工場

固定資産識別ラベル

固定資産番号	3902001
固定資産名称	研磨機
取得日	2011年1月15日
保税区分	保税
利用部門	研磨工程
管理責任者	研磨工程班長
設置場所	工場A区

・・・

6-9　固定資産棚卸の実施状況

チェック手続内容	問題有	問題無	該当なし
少なくとも年1度以上は固定資産の実地棚卸が行われ，固定資産の有無，異動状況，故障固定資産，遊休資産の有無が網羅的に把握されていることを資料閲覧及びヒアリングにより確かめる。			

【チェックの趣旨】

　固定資産は会社の重要な資産であるから，定期的に財務会計部門が保有する固定資産台帳と現物を照合し，帳簿上の財産が実際に会社で保有されていることを確認する必要がある。少なくとも年1度は固定資産の実地棚卸が行われていることをチェックする趣旨である。

【よくある問題点】

　固定資産の実地棚卸が行われていない。

　会計担当者は，支払申請書や仕入先からの請求書や発票に基づき固定資産を計上しているが，購入後において現物との照合は行ったことがない。

　日本親会社や会計士の指導により固定資産の実地棚卸を行うが，数年に一度では固定資産台帳と現物との照合が困難であり，紛失したと判断せざるを得ない固定資産も少なからず発生する。金型等外部に預けている固定資産がある場合は特に不明になりがちである。

　また，現場担当者も「固定資産設備を紛失した」とは経営層に報告することができず，いつまで経っても固定資産実地棚卸の結果が経営層に伝達されない。

　さらに，事例では現場担当者が稼働していない固定資産を下取り業者に無断で売却し，その代金を意図的に着服しているケースもある。このような現場では，固定資産棚卸実施への担当者の協力が得られない。「時間がない」，「忙しい」を理由として，棚卸を実施しない。

【改善事例】

　少なくとも年1回は固定資産の実地棚卸を行う旨を規程化し，関係者に周知させる。また，外部預けの固定資産がある場合は，預け先から預かり証を入手することも規程に盛り込む。会社のルールとして定期的な棚卸がなされることを現場担当者に周知させることによって，固定資産横領の不正への牽制となる。

6-10　固定資産棚卸の網羅性確認状況

チェック手続内容	問題有	問題無	該当なし
会社内の全ての固定資産を棚卸したことを確認するために，組織図や工場レイアウトを利用して消込管理がなされていることを，資料閲覧及びヒアリングにより確かめる。			

【チェックの趣旨】

　固定資産の実地棚卸は，財務会計部門が保有する固定資産台帳と固定資産現物とを照合することによって行われるが，大規模な製造業では財務会計部門のみによって全ての固定資産現物をカウントすることは困難である。この場合，固定資産台帳を部門別にソートの上，各部門に配布し，各部門にて固定資産現物をカウントした結果を財務会計部門等で集計することが実務的である。

　固定資産の棚卸結果を各部門から洩れなく収集し，会社全体の固定資産の棚卸が網羅的に行われているかどうかをチェックする趣旨である。

【よくある問題点】

　固定資産の実地棚卸が網羅的に行われたことを確認する資料が作成されていない。

　理論的には会社全体として同一の日（12月31日等）に全ての固定資産の棚卸を行うことが望ましいが，生産の都合や各部門の都合により，各部門で異なる日程で固定資産棚卸を行うこともある。それ自体は問題ではないと考えるが，固定資産棚卸を実施した部門と実施していない部門が明確となっておらず，固定資産棚卸表も一部の部門からしか収集していないケースがあった。

【改善事例】

　固定資産棚卸の網羅性を確認する資料としては，部門別にソートした固定資産台帳番号を組織図に記載し，固定資産棚卸依頼日（＝固定資産台帳配布日），固定資産棚卸表（＝固定資産台帳にチェックマークを付したもの）回収日を記録することによって，固定資産棚卸が実施された部門と未済の部門が明確となる。

　また，工場レイアウト図に固定資産配置位置を記入している場合は，当該レイアウト図を消し込むことにより，棚卸実施の網羅性を確認することができる。

6-11　減価償却の実施状況

チェック手続内容	問題有	問題無	該当なし
固定資産は固定資産台帳に基づき会社所定の一定の方法（定額法等）で減価償却されていることを資料閲覧及びヒアリングにより確かめる。			

【チェックの趣旨】

　固定資産の取得原価を適正に計上できた後，毎月の減価償却費を計上する必要がある。中国の制度会計では月次決算が建前であるため，固定資産に係る減価償却費も月次で計上する必要がある。これら減価償却費計上にかかる手続が適切になされているかどうかをチェックする趣旨である。

【よくある問題点】

　前項までの「固定資産台帳に過不足なく固定資産が計上されているか」という論点はあるものの，一旦固定資産台帳に計上された固定資産については会計システム又はエクセル表により減価償却費が計上されていることが通常である。

　稀に固定資産の計上を請求書や発票に基づいて行っている場合，使用開始時期ではなく固定資産計上日を基準として減価償却を開始しているケースはある。

【改善事例】

　財務会計部門における決算スケジュール表や役割分担表において，減価償却費の計上と確認手続を要実施項目として記載する。

　固定資産にかかる減価償却方法とその開始時期については，次頁 Column 9 を参照されたい。

＊Column 9＊

中国における減価償却方法

　中国の会計基準上，固定資産の減価償却方法として，定額法，生産高比例法，２倍残高逓減法及び級数法の４種類が挙げられている（企業会計準則第４号固定資産第17条）。

　一方の税務上は原則定額法と規定され（企業所得税実施条例第59条），容認規定として加速度償却（同98条）が認められている。ただし，加速度償却を適用するには技術の進歩が速い固定資産等の要件を満たし，かつ事前に税務局の認証が必要となる。

　実務上は，定額法により減価償却費を計上することが多い。

　なお，日本で多く見られる定率法の減価償却方法は中国では利用されない。その背景として，上述の中国会計基準及び税法において定率法にかかる規定がないこと，また会計教育の中でも定率法による減価償却費計算方法を伝授されていないため，実務上も利用されていない。

　次に，減価償却の開始時期について説明する。

　中国では，固定資産の使用開始月の翌月から減価償却費を計上しなければならない（企業所得税実施条例第59条）。実務上も当税法基準に基づいて減価償却の開始時期とされる。この点，事業の用に供した日より減価償却を開始する日本の会計・税務処理と異なるので，留意されたい。

6-12　固定資産除売却に関する管理状況

チェック手続内容	問題有	問題無	該当なし
固定資産を除却又は売却した場合は，承認ルート及びその事実が各部門から財務部に伝達される仕組みがあることを資料閲覧及びヒアリングにより確かめる。			

【チェックの趣旨】

　生産管理部門や現場により不要と判断された固定資産の除却又は売却事実が，適時かつ適正に財務会計部門に伝達されるルートが確立されていることをチェックする趣旨である。

【よくある問題点】

　生産現場で固定資産設備を売却したものの，その事実が財務会計部門に伝達されず，会計処理に反映されない。

　売却代金が財務会計部門に届けられたのであれば，その時点で財務会計部門は固定資産売却事実を認識することができるが，売却代金が現場担当者に着服されている場合は，固定資産の実地棚卸が行われるまでは判明しない。

　生産現場担当者としては，使用されていない固定資産を適宜下取り業者に売却して「有効利用」したつもりであるが，必要・不要の判断が適切な承認ルートを経ていなかったり，また売却先の選定が恣意的に行われていたりするケースもある。

【改善事例】

　固定資産の除却又は売却に際しては，固定資産除売却申請書を作成し，除売却対象となる固定資産の内容，売却先，売却金額，上席者，会計責任者及び経営層の承認記録を残す必要がある。これら手続を規程化し，関係者に周知させる。

＊Column 10＊

中国では固定資産の「除却」と「売却」の区別がない？

　日本の会計勘定科目上，「固定資産除却損」と「固定資産売却損」の2つの勘定科目が設けられ，日本の上場会社が中国子会社に対して記入を要請する連結パッケージ・フォーマットにもこれら勘定科目が設置されていることが通常である。

　一方の中国においては，特に機械設備や古くなったパソコン等を無償で廃棄することはまずない。鉄くずとしても何らかの価値がある物品については廃品回収業のような下取り業者が存在し，10元や20元といった低額の下取り代金でも回収のため企業に訪れる。そのため，そもそも固定資産勘定に計上されるような資産の処分に際しては，ほぼ「売却」の形で処分されることが通常である。

　会計業務に携わる中国人担当者にヒアリングする際，固定資産の「除却」と「売却」を区別する概念が理解されないのはそのためである。

　中国現地法人の財務諸表において，「固定資産除却損」の勘定科目に残高が生じている場合は，本当に無償の固定資産廃棄が行われたかどうかをチェックすることを薦める。

6-13　建設仮勘定の管理状況

チェック手続内容	問題有	問題無	該当なし
建設仮勘定については，完成予定日，予定日経過理由が明確になっていることをヒアリングにより確認する。			

【チェックの趣旨】

　大規模な固定資産の取得に際しては，完成及び使用開始までに期間を要し，また調達先に対して前渡金を支払うことがある。前渡金を支払ったものの長期間完成していない案件について，会計責任者及び担当者はその理由，完成予定日を把握しているかどうかをチェックする趣旨である。

【よくある問題点】

　財務会計部門において，建設仮勘定の内容や滞留理由を把握していないし，書面による管理記録もない。

　中国現地法人において期間を要する大規模固定資産の取得に際しては，その資金調達や取得後の生産計画等について通常日本親会社と協議・検討を行っている。その担当者は往々にして日本人出向者や経営層である。そのため，中国人会計担当者としては，「日本人総経理の指示・承認に基づき仕入先に前渡金を支払った」という認識しかなく，それがどのような内容であるかや完工時期，滞留理由等について把握していないケースがある。またその内容を確認するという姿勢や努力もない。

【改善事例】

　決算期において，建設仮勘定の残高内訳明細を作成し，期末残高，予算，完工予定時期，責任者名を記載する。完工予定時期を経過しても完工していない工事案件については，その理由も残高内訳明細に記入することが望ましい。

　大規模工事案件について日本人出向者が主体で行っている場合は，当該残高内訳明細の作成に協力してもらう。

6－14　固定資産の減損状況

チェック手続内容	問題有	問題無	該当なし
固定資産の減損を行うために，減損の兆候，資産グルーピング，将来キャッシュフローの現在価値を把握できる体制にあることをヒアリング及び資料閲覧により確かめる。			

【チェックの趣旨】

　中国においても新会計準則の体系の下では，日本や国際会計基準と同様に将来の収益獲得能力，すなわち将来キャッシュフローの現在価値に基づく資産評価及び減損会計を行う必要がある旨定められている（企業会計準則第8号　資産の減損　2006年12月公布）。中国現地法人において，これら減損会計に対応する体制が構築されていることをチェックする趣旨である。

【よくある問題点】

　将来キャッシュフローに基づく固定資産の減損会計を行う能力や知識のある担当者が中国現地法人にいない。

　旧来の中国会計基準の下では，将来使用可能性のない遊休固定資産，毀損により使用価値や譲渡価値のない固定資産等については減損引当金を計上することになっている（旧企業会計制度第59条）。当該規定に基づき，固定資産棚卸時に発見された毀損設備については減損するが，その他については，特に将来キャッシュフローや減損の兆候に基づく減損引当金を計上する実務は未だ浸透してない。

【改善事例】

　将来キャッシュフローに基づく固定資産の減損処理については，日本親会社の経理部が主導で実施している事例が多い。その背景として，上述のとおり減損会計を理解し，会計処理を行う能力のある中国人会計担当者が少ない。また減損の兆候や将来キャッシュフローの見積り，現在価値への割引計算にあたっては，企業の将来の経営計画や経営環境に係るデータを収集する必要があり，これらを把握しているのは中国現地法人でも日本人経営層以上となるからである。

　資産グルーピングに際しては，中国現地法人全体1つの資産グループとして認識している事例が多いと思われる。中国では1つの企業について1つの事業を営むことが行政による営業認可上の原則であることが背景である。

次に，日本親会社の経理部で算定された中国現地法人の固定資産減損額を，どのように中国現地法人の財務諸表に反映するかが論点となる。この点，中国現地法人が税務局等中国政府に提出する財務諸表上には旧企業会計制度に基づき，将来キャッシュフローに基づく減損処理を反映しないことが多い。税務局等の役人から不要な質問を受ける手間を省くためである。上場会社の中国子会社においては，連結パッケージや日本親会社報告用財務諸表への入力段階における組替えとして減損処理を取り込むケースが多いと思われる。

7 決算報告

7－1 財務会計規程の整備と運用

チェック手続内容	問題有	問題無	該当なし
財務会計規程が作成されており，財務部及び関連部署が閲覧できる状態となっていることを確かめる。			

【チェックの趣旨】

　会計の意義，目的，会計方針，手続，承認権限等について規定した財務会計規程が定められ，財務会計部門を含む関連部門に周知されていることをチェックする趣旨である。

【よくある問題点】

　財務会計規程は作成されているものの，関係者に周知されていない。

　特に上海市においては，会社設立時に財務会計規程を策定し，設立申請資料の一部として税務局に提出する必要がある。そのため，多くの中国現地法人において財務会計規程が備置されている。

　しかしながら，財務会計規程は中国現地法人設立を目的として作成したものであり，会計実務を行う際の参照とすべく作成されておらず，また財務会計部門内外の関係者にも提示されていない。

　また，会社設立時に策定した財務会計規程は，設立手続代行コンサルティング会社等から入手した規程雛形の会社名のみを自社名に変更しているケースがある。この場合，中国語版しかなく，日本親会社が中国現地法人の会計方針や判断承認プロセス等を把握する目的には使えない。

【改善事例】

　日本親会社の経理規程を参考に，中国現地法人用の財務会計規程を策定する。

　策定当初においては，具体的オペレーションにかかわるような過度に詳細な規程を策定するのではなく，会計の意義，目的，会計方針，手続，承認権限等全般的な内容について，日本親会社の経理規程を中国現地法人用にカスタマイズすることが中国人担当者にとって受け入れられやすい。

　具体的な資金管理規程，購買管理規程，売上管理規程，原価計算規程，固定資産管

理規程等については，本書の各チェックリスト項目に基づくチェック及び改善が一通り完了した時点で，会計担当者と協議しながら策定することも可能である。

✽ Column 11 ✽

日本の経理規程と中国の財務会計規程の違い

　日本親会社の経理規程を中国現地法人の財務会計規程にカスタマイズする際，日中両国間の会計・税務制度の違いを反映させる必要がある。経理規程に関連する主な差異をまとめると，下図のとおりである。

【図　日本親会社の経理規程を中国現地法人用にカスタマイズする際の項目例】

1．勘定科目体系に起因するカスタマイズ

1-1．【固定資産の区分】

日本	中国
固定資産	（有形）固定資産
有形固定資産	無形資産
無形固定資産	

1-2．【損益計算書の区分】

日本	中国
売上高	売上高
売上原価	売上原価
販売費及び	販売費用
一般管理費	管理費用
営業外損益	財務費用
特別損益	営業外収支

1-3．【増値税の会計処理】
日本では仮払消費税・仮受消費税等の勘定科目を利用するが，中国では未払増値税勘定のみで会計処理する。

2．会計・税務制度に起因するカスタマイズ

2-1．【棚卸資産の評価方法】

日本	中国
移動平均法	（月別）総平均法
総平均法	が一般的
先入先出法等	

2-2．【税効果会計】
中国では税効果会計の実務が浸透していない企業がある。

2-3．【受取手形の信用度】
中国では手形の不渡りに伴うペナルティがない。

2-4．【固定資産の減価償却】
中国では，固定資産の減価償却方法は定額法が一般的。

2-5．【発票の発行手続】
発票の概念・実務が日本にはないため，中国現地法人独自で規定が必要。

2-6．【帳簿の保存期間】
中国では政府（財政部）より帳簿の保存期間にかかる通達が出ている。

3．中国の実務に起因するカスタマイズ

3-1．【担当者の職位】
中国現地法人の担当者数は日本親会社のそれよりも少ない。

3-2．【棚卸の頻度・範囲】
棚卸の頻度・範囲が日本よりも多いのが一般的。

3-3．【賞与引当金】
中国では賞与引当金（未払賞与）を計上せず，支給月に一括費用計上することが一般的。

3-4．【退職給付引当金の計上】
中国では自己都合退職の場合には退職金を支給しない。会社都合による大規模リストラが予定されていなければ退職給付引当金を計上しない。

3-5．【標準原価計算】
中国でも採用可能であるが，運用が難しい。

3-6．【予算・資金繰り予測】
中国でも必要であるが，運用が難しい。

4．経営範囲に起因するカスタマイズ

4-1．【製造業の仕入販売】
中国では製造業が他社の商品を仕入れ，自社で加工せずに販売する行為は別途役所の許可が必要。

4-2．【第三者への貸付】
中国では製造会社や貿易会社が資金の貸付を行い，利息を受け取ることができない。

4-3．【有価証券投資】
製造会社や貿易会社が有価証券投資を行うことは原則としてできない。

1 勘定科目体系に起因するカスタマイズ

1．固定資産と無形資産

　日本の財務諸表における勘定科目体系と中国のそれが異なる。主な差異としては，日本では「固定資産」とは「有形固定資産」と「無形固定資産」から構成されるが，中国では「固定資産」とは日本のいう「有形固定資産」のみを指し，日本の「無形固定資産」は「無形資産」として「固定資産」と並列の位置付けとなる。

2．損益計算書の体系の違い

　中国では「販売費用」と「管理費用」を分けて表記する。日本では「販売費及び一般管理費」のように明確に区分せずに記載することができる。

　中国における「財務費用」の内訳は，主に支払利息と為替差損益であるが，銀行に支払う手数料等も財務費用に含まれる。日本では銀行手数料は「一般管理費」に含まれる。「財務費用」は日本の「営業外損益」に似ているが，原価外の棚卸差損益等については，中国では「営業外収支」又は「管理費用」の内訳項目となる。

　また，中国の損益計算書には「特別損益」の項目がない。原価外の貸倒引当金や固定資産売却損益については，その他損益扱いとして「管理費用」の内訳項目とされている。そのため，日本基準の「経常損益」を算定するためには注意深く各勘定科目内訳を確認の上，組替えを行う必要がある。

3．増値税の会計処理

　日本でいう消費税に相当する増値税の会計処理については，よく質問を受ける。下記に日本の消費税の会計処理と中国の増値税の会計処理を対比して説明する。

【日本の消費税等の会計処理】
① 仕入計上時
　　（借）仕　　　　入　　（貸）買　掛　金
　　　　　仮払消費税等

② 売上計上時
　　（借）売　掛　金　　　（貸）売　　　　上
　　　　　　　　　　　　　　　仮受消費税等

③ 決算（消費税要納付額計算）時
　　（借）仮受消費税　　　（貸）仮払消費税
　　　　　　　　　　　　　　　未払消費税等

　上記のごとく，日本では消費税の会計処理に際して3種類（仮払消費税等，仮受消費税等，未払消費税等（還付の場合は未収消費税等））の勘定科目を利用する。

【中国の増値税の会計処理】
① 仕入計上時
　　（借）仕　　　　入　　　（貸）買　　掛　　金
　　　　　未 払 増 値 税 ▲
　　　（▲はマイナス金額で記帳する意味）

② 売上計上時
　　（借）売　掛　金　　　　（貸）売　　　　　　上
　　　　　　　　　　　　　　　　　未 払 増 値 税

③ 決算（増値税要納付額計算）時
　　（仕訳なし）

　上記のごとく，中国では増値税の会計処理に際して未払増値税1種類のみの勘定科目を利用する。決算時において増値税還付となる場合は，貸借対照表貸方の未払増値税残高がマイナス残高として表示される。

2　会計・税務制度に起因するカスタマイズ

1．棚卸資産の評価方法
　日本では移動平均法，総平均法，先入先出法，後入先出法等の評価方法が認められているが，中国では月別総平均法が一般的に採用されている。これは中国の会計・税務上月次決算が建前になっていること及び，ITシステムが十分に導入・運用されていないため手計算で払出単価を計算する場合に比較的簡便であることが背景にある。

2．税効果会計
　中国の新企業会計準則においては税効果会計の適用が必須とされているが，中国現地法人における会計実務上は未だ十分に浸透しているとはいえない。その背景として，税効果会計の理論的知識が一般の会計担当者に周知されていないこと，またタックスプランニングや繰延税金資産の回収可能性の検討に際しては将来の経営計画を基礎とする必要があるものの，経営計画に係る情報は日本人経営層及び日本親会社が独占しており，中国現地法人の会計担当者には知らされていないケースが多いためである。
　中国現地法人の財務会計規程策定にあたっては，必要に応じて日本親会社の経理部がサポートを行う旨を盛り込むことも考えられる。

3．受取手形の信用度
　日本国内企業の経理規程には，債権保全の手段として受取手形を徴求することが記載されているが，中国では原則として受取手形の不渡りが発生しても企業に銀行取引停止等のペナルティは与えられない。そのため，「受取手形の入手が債権保全の手法である」という記載は中国では必ずしも当てはまらない。

中国でも債権保全の手法として受取手形を得意先から入手することはあるが，その場合受取手形には銀行による債務保証が付与されているケースが多い。銀行保証付き受取手形は債権保全の手法になり得る。中国現地法人が受取手形を入手している場合は，その趣旨について確認の上，財務会計規程に盛り込む必要がある。

4．固定資産の減価償却

日本では，固定資産の減価償却方法として定率法，定額法が主であるが，中国では定額法が多い。詳細は Column 9「中国における減価償却方法」を参照されたい。

5．発票の発行手続

日本では付加価値税の徴税にかかるインボイス制度は導入されていないが，中国では増値税又は営業税にかかる税務法令に基づく重要な制度である。そのため，当該制度については中国現地法人特有の規定として財務会計規程に盛り込む必要がある（発票については Column 3「発票とは何なのか？」参照）。

6．帳簿の保存期間

日本では，会計帳簿の保存期間は会社法により10年間，税法により7年間と定められているが，中国では下表のとおり《財政部，国家会計資料管理弁法（2016年1月1日施行）》附表一により各種帳簿の保存期間が定められている。

番号	資料名	保存期間	備考
一	**会計伝票項目**		
1	原始証憑	30年	請求書，納品書，発票等
2	記帳証憑	30年	日本でいう会計伝票
二	**会計帳簿**		
3	総勘定元帳	30年	
4	明細帳	30年	日本でいう残高試算表
5	日記帳	30年	現金出納帳と銀行預金出納帳
6	固定資産カード		日本でいう固定資産マスタ・データ。固定資産除却後5年間保管
7	その他補助簿	30年	
三	**財務会計報告**		
8	月次，四半期，半期財務諸表	10年	
9	年度財務諸表	永久	

四	その他会計資料		
10	銀行勘定調整表	10年	
11	銀行発行の残高証明書	10年	
12	納税申告書	10年	
13	会計引継台帳	30年	
14	会計帳簿保管台帳	永久	
15	会計帳簿廃棄台帳	永久	
16	会計資料保管意見書	永久	

3 中国の実務に起因するカスタマイズ

1．担当者の職位

　日本の大会社における経理部では，経理担当取締役部長，次長，課長，係長，また経理課と財務課で職位が分かれているが，一方の中国現地法人では，少人数の構成となっており，せいぜい財務部長，会計担当者，出納担当者の職位しかない場合が多い。したがって，職位ごとの担当役割や承認権限設定に際しては，中国現地法人の実態に応じたカスタマイズが必要になる。また，多額資金の支払承認等重要な承認権限については，総経理の最終承認を要する旨定めている事例が多い。

2．棚卸の頻度・範囲

　中国ではモノがなくなりやすい傾向があるため，棚卸の頻度や範囲について日本よりも厳密になっている。頻度については毎月末実施し，範囲については直接原材料のみならず手袋や文房具といった消耗品についても棚卸対象としている事例もある。少額消耗品については会計上購入時一括費用処理としているにもかかわらず，現物管理のため毎月末実地棚卸を行うという実務も見られるため，中国現地法人の現場担当者の認識を考慮して棚卸に係る規定を設けることが望まれる。

3．賞与引当金

　日本では賞与は従業員に当然支払うべき支給であるとの認識がまだ強く，そのため会計上も賞与引当金を計上することが一般的である。一方中国現地法人では会社業績に応じて賞与が支給されないことも多い。そのため，かなりの確率で賞与が支給されることを前提とした賞与引当金を計上する実務は浸透していない。

　しかしながら，優秀な従業員確保の目的や他の日系現地法人の動向を踏まえて，賞与の支給がかなりの確率で見込まれる場合は，適正な期間損益計算の観点から賞与引当金を計上することが望ましいといえる。

　なお，中国では賞与引当金は全額有税処理である（チェックリスト「3－7 賞与引当金の計上状況」も参照されたい）。

4．退職給付引当金の計上

中国における退職給付引当金の計上要否については見解が分かれる。中国において退職給付引当金にかかる明確な会計規定はなく，実務上も退職給付引当金を計上している事例はほとんどない。

まず背景として，中国では自己都合退職に際して退職金が支給されることがほとんどない。退職給与規程を設定している事例もほとんどない。日本の退職給付会計に関する実務指針36③では，「退職給付に係る期末自己都合要支給額を退職給付債務とする方法」が簡便法として認められている。自己都合退職に際して退職金が支給されないのであれば，日本の会計基準に基づいても退職給付引当金額はゼロになる。

次に会社都合で解雇する場合，中国の労働契約法第47条に基づき経済保証金を支給する必要がある。経済保証金の計算方法は，従業員の勤務年数に月額給与を乗じるという簡易な計算となっている。中国現地法人が大規模なリストラを計画している等により重要な金額の経済保証金が見込まれる場合は，当該計算方法に基づく退職給付引当金を計上すべきことになると考える。

日本人出向者の退職給付債務については，中国現地法人勤務期間中も発生することから，本来は退職給付引当金の計上対象になると思われる。しかしながら，中国現地法人において日本人出向者の退職給付費用を明確に負担及び計上している事例は少なく，日本親会社の退職給付費用に含めて計算しているようである。

5．標準原価計算制度

中国でも採用可能であるが，運用が難しい。詳細はチェックリスト「5-18　原価差額の処理状況」及びColumn 7「中国では標準原価計算制度を利用できるのか？」を参照されたい。

6．予算・資金繰り予測

予算及び資金繰りの予測については，日本と同様中国現地法人でも必要であるが，十分に運用できている中国現地法人は少ないといわざるを得ない。

その背景として，加工貿易のように日本親会社から原材料を購入し，加工し，完成品部品を日本親会社に売り渡すというような工場機能しかない中国現地法人においては，損益や資金繰りは日本親会社次第であり，中国現地法人独自で損益の改善や資金追加獲得の努力を行う要請が少なかったことも挙げられる。

最近の傾向である中国市場に自社製品を供給することを目的とするのであれば，開発，営業，調達，生産，供給といった各機能を有効化するための前提として，損益予算と資金繰り管理が必要になる。

しかしながら，将来の経営計画情報は日本人経営層が独占しており中国人中間管理層や担当者には提示されない。その状況で経営計画をブレークダウンした損益目標や資金繰り予算を中国人主体で作成することはできない。一

方の中国人側も「生産に必要な原材料を発注する」という日々ルーチンの作業に勤しみ，3カ月後や半年後の購買計画及び支払予測金額を集計してみるという発想も必要性の認識もない。

　財務会計規程に予算制度や資金繰り予測制度を盛り込むのであれば，その制度設計，すなわち情報伝達ルート，情報吸い上げルート，承認体系の整備から始め，関連従業員への周知及び教育，運用状況のモニターまで規定する必要がある。

4　経営範囲に起因するカスタマイズ

1．製造業の仕入販売

　日本では会社の経営範囲や業容は定款規定の文言に拘束されないのが法律解釈上の通説であるが，中国ではそうはいかない。営業許可証及び定款に記載されている経営範囲は，設立又は経営範囲変更時において中国政府の審査を受けたものである。中国における企業は中国政府の認可を受けた経営範囲内での営業が認められ，それ以外の営業活動は制限される。

　よくある事例として，製造業企業において，自社で生産した製品を他社に販売することは経営範囲上の問題は生じないが，他社で生産した製品を自社で加工することなく他社に販売する行為は，貿易業企業の経営範囲に当たるとして製造業企業には原則として中国では認められない（ただし，別途役所に経営範囲拡大の申請を行い認可された場合は，業種の制限はなされるものの可能となる）。

　日本親会社の経理規程をカスタマイズする場合，中国現地法人においてどのような取引が可能かを検討の上，経営範囲外の取引と判断される取引に係る規定項目はあらかじめ削除しておくことが望まれる。

2．第三者への貸付

　中国において，第三者に貸付を行い，利息を徴収する取引は金融機関にのみ認められており，一般の製造業や貿易業企業には認められていない（ただし，銀行預金利息の受取りは可能である）。

　日本親会社の経理規程が想定するような，下請け企業への設備資金の一時的融資や従業員貸付金取引は中国では違法になるため，中国現地法人の財務会計規程からは削除する。

3．有価証券投資

　上項の「第三者への貸付」取引と同様，有価証券投資取引は金融機関にのみ認められ，製造業や貿易業企業には認められない。ただし，中国においても一定の資金限度額の下で子会社株式投資は認められている。

　日本の経理規程において，売買目的有価証券，満期保有目的有価証券，その他有価証券の区分等複雑な金融商品取引会計にかかる規定が設けられている場合は，中国現地法人へのカスタマイズに際して大幅に削除することができる。

7－2　決裁権限規程の整備と運用

チェック手続内容	問題有	問題無	該当なし
購買等に際しての決裁権限が文書で定められており，関連部署が閲覧できる状態となっていることを確かめる。			

【チェックの趣旨】

　内部統制構築の要請から，会計帳簿には単に取引事実を記帳するのみならず，取引に際して適切な承認手続を経ていることも必要な条件となる。ここで「適切な承認手続」とは何なのか，承認権限者，承認タイミング，情報伝達ルートが規程の形式で文書化され関係者に周知されていることをチェックする趣旨である。

【よくある問題点】

　2008年以降の内部統制構築ニーズにより，特に日本親会社が上場会社である場合は中国現地法人においても財務会計規程，職務分担表，決裁権限規程等の規程類が整備・運用されるようになってきている。

　しかしながら，規程文言と実際実務運用に乖離が生じ，適切な承認手続を経ないまま取引が行われている事例もある。特に購買取引に際して上席者の承認を経ずに担当者が直接購買発注を行っているケース，又は販売金額の値引に際して必要な決裁を経ていない，経ていても口頭承認のみで記録による証跡がないケースが見られる。

　また，承認権限者が特定職位者に集中しているケースもある。よくあるケースとして，資金の支払に際しては全て日本人総経理の承認を要す旨決裁権限規程に定められているため，総経理が日々承認すべき支払伝票が数百枚となり，これでは実効性あるモニターは期待できない。

【改善事例】

　中国現地法人の実際の組織体系に適合した決裁権限規程を策定し，関係従業員に周知する必要がある。逸脱する購買申請や販売申請を行う者に対しては，一時的に業務が滞ったとしても，財務会計担当者は証憑受取や支払オペレーションを拒否するといった教育的措置も必要と考える。

　また，特定職位者への承認権限集中については，例えば金額基準を設け，少額の発注承認権限は中国人購買部長に授権するも，代価の支払段階で財務部長の承認が必要になるといった部門間での牽制を設けることも考えられる。また，少額の決済につい

ては会計システムからアウトプットされる支払一覧表を経営層が事後的にモニターするといった牽制も効率的である。

多額の発注及び支払承認に際して,より上位の上席者の承認が必要になることは,日本でも中国でも同じである。

7－3　財務部門の継続研修

チェック手続内容	問題有	問題無	該当なし
財務会計部門人員は継続的に研修を受けており、会計員資格を維持するための研修修了証が取得されていることを確かめる。			

【チェックの趣旨】

1999年制定の旧中国会計法第38条において、「会計業務に従事する従業員は、会計就業資格証を取得することを要す」と規定されていた。その後2017年に同条文は「会計業務に従事する従業員は、会計業務に必要な専門能力を有していなければならない」と改訂された。すなわち、会計就業資格証の取得が必須ではなくなった。同時に2017年度以降は会計就業資格試験も開催されなくなった。

しかしながら、企業の会計業務に従事している従業員の多くは過去に取得した会計就業資格を保有している者が多い。また、会計就業資格維持のための毎年の継続研修（2日間程度）は、2017年以降も管轄地域財政局が毎年開催している。

継続研修は中国の会計・税務にかかる法令通達の制定改廃を学習するために有効な機会である。継続研修を受講していることをチェックする趣旨である。

【よくある問題点】

ほとんどの中国内企業において、財務会計業務に携わる従業員は会計就業資格を保有している。また資格の保有に伴い、必要な財政局の年次研修会にも自発的に参加しているのが実状である。

問題となるケースは、設立間もない中国現地法人で専任の会計担当者を雇用する必要性がないため、通訳担当の中国人従業員等に現金預金出納簿の記帳を兼務させているケースである。設立間もない時期で取引量が少ないにもかかわらず専任の会計担当者を雇用することも合理的でないと思われるが、会社規模の拡大に応じて専任の会計担当者を雇用する必要がある。

【改善事例】

財務会計部門の従業員を雇用する場合は、面接時に必要資格の有無の確認を行う旨人事規程に盛り込むことが望まれる。また、直接会計に関連しなくても、購買部門や倉庫部門、営業部門担当者等に対しても会計就業資格の取得を奨励する旨、資格取得奨励規程に記載し関連従業員に周知させることが望ましいといえる。

＊Column 12＊

◈ 中国の会計就業資格の分類 ◈

チェックリスト「7－3財務部門の継続研修」で説明した会計就業資格には種類があり，「会計就業資格」「初級会計師資格」「中級会計師資格」「高級会計師資格」のランクがある。
　以下，各資格の内容について説明する。

〈会計就業資格〉
　まず，会計に関する職業に就くためには，最低限「会計就業資格試験」に合格する必要がある。試験科目は「財務経済法規と会計職業道徳」「会計基礎」「初級会計電算（あるいは珠算5級）」である。受験資格として良好な道徳的資質を有する者といった資質が規定されているが，学歴による受験資格制限はない。会計就業資格を取ったばかりの会計員は主に出納業務等，会計の補助業務に当たることが一般的であるが，会計就業資格しかなくても経験や経歴に応じて財務部長や課長に就くことは可能である。
　【追記】　2017年11月の中国会計法改正により，会計就業資格証制度は廃止された。

〈初級会計師資格〉
　会計就業資格の1つ上の資格として，「初級会計師資格」がある。試験科目は「経済法基礎」「初級会計実務」である。受験資格としては良好な職業道徳資質を保持するものといった資質規定の他，上述の会計就業資格を有する者かつ高卒以上の学歴を有することが定められている。上述の「会計就業資格」を有し企業の財務会計業務に従事しながら，初級会計師資格の取得を目指す者も多い。

〈中級会計師資格〉
　中級会計師資格を取るにはハードルがグッと上がる。試験科目は「財務管理」「経済法」「中級会計実務」であることに加え，受験資格に大学専科（日本でいう短大）卒以上で5年以上の会計業務従事経験を有すること，又は大学卒以上で4年以上の会計業務従事経験を有する者等が規定されている。

〈高級会計師資格〉
　高級会計師資格の付与は，各省クラスの財政局が開催する審査により行われる。受験資格は博士学位を取得し会計実務を2～3年担当している者等に規定されているが，これは試験というより過去の経歴や論文，実績が考慮され，また審査過程についても明確に開示されていない。企業の会計業務に従事するための資格というよりは，権威資格のようなイメージである。

〈注冊会計師〉

　中国語の「注冊」とは日本語の「登録」という意味で,「注冊会計師」は「登録会計士」とも翻訳される。日本の公認会計士に該当し,企業の財務会計業務に従事するよりは,監査法人や会計師事務所に勤務し会計監査に従事する割合が多い。試験科目は「会計」「税法」「監査」「財務原価管理」「経済法」「会社戦略及びリスク管理」である。

　日本と同様,注冊会計師資格を有する者がコンサルティング会社や一般事業会社に勤務し,その会計・税務知識を発揮している事例も少なくない。

7－4　財務部職務分掌規程の整備と運用

チェック手続内容	問題有	問題無	該当なし
財務会計部門における職務分掌が定められており，財務部門内に周知されていることを確かめる。			

【チェックの趣旨】

　財務会計部門の職能として，会計伝票の起票，資金の移動，支払，収受，原価計算，税務処理，財務諸表の作成，報告，及びこれらの承認が挙げられる。これらの各職能に対して担当者別の明確な職務分掌が文書化されており，財務部門内に周知されていることをチェックする趣旨である。

【よくある問題点】

　中国の場合，財務会計担当者は女性が多く，その中では大人というかチームワークが良く，特定担当者に業務負荷が集中したり，また業務分担に漏れがあったりということはあまりない。

　よくある問題点として，業務分担が財務会計部門内の暗黙の了解である場合がある。

【改善事例】

　担当者の交代等に際して業務分担の変更・組替が容易となるよう，平素から実態に合わせた職務分掌規程を策定，周知することが望まれる。

7-5　決算日程表の整備と運用

チェック手続内容	問題有	問題無	該当なし
財務会計部門において決算日程表が定められており，当該日程表に基づいて月次決算が行われていることを確かめる。			

【チェックの趣旨】

　貸借対照表や損益計算表等の財務諸表を作成するためには，各種データの収集及びその確認，決算整理仕訳の生成と税金計算といった一連の作業を行う必要がある。これら一連の決算作業について，財務会計部門内の役割分担に沿った日程表（スケジュール表）が作成され，かつ運用されていることをチェックする趣旨である。

【よくある問題点】

　決算日程表が作成されていない。前項の「財務部職務分掌規程の整備と運用」と同様，財務会計部門内の暗黙の了解で決算作業が進められている。

【改善事例】

　決算手続に際しては，財務部門内のみならず，倉庫部門や生産部門，営業部門等からデータ資料を収集する必要があり，これら資料のリストアップ並びに入手期限を明確にし，各部門に周知することが望まれる。加えて，財務部門内の役割分担に沿った決算作業スケジュールを設定することが望ましい。

✳ Column 13 ✳

決算日程・分担表の例

　チェックリスト「7-5決算日程表の整備と運用」で説明した決算日程表の例を下記に示す。例示は貿易会社を想定して作成している。製造企業の場合は、原価計算や固定資産管理に係る項目が追記される。現在利用している帳票及び担当者名を記載することにより利用されたい。
　また、各作業項目の実施者及び確認者サインを記載することにより、決算作業の洩れを防止することができる。

決算日程・分担表（貿易会社の例）

20○○年○月○日策定

日程	作業内容	担当部門・担当者	収集資料（入手元部門）	作成資料	実施者	実施日	確認者	確認日	備考
月中（随時）	現金及び銀行預金収支記帳	出納担当者 会計担当者	支払申請書（各部門）仮払金申請書（各部門）銀行振込依頼書控え（出納）小切手半片（出納）預金入金通知（銀行）	現金日記帳 預金日記帳会計伝票					
	商品仕入計上	購買担当者 倉庫担当者	発注書（購買部門）納品書（倉庫部門）発票（購買部門）	会計伝票					
	売上計上	営業担当者 倉庫担当者	商品出荷指示書（倉庫部門）納品書控え（倉庫部門）発票発行依頼書（営業部門）請求書控え（営業部門）	会計伝票発票					
月末最終日	現金棚卸	出納担当者 会計担当者	N/A	現金棚卸表					
月初第1営業日まで	決算資料収集（資金関連）	会計担当者	現金棚卸表（出納）銀行預金残高明細（銀行）	銀行預金残高明細表 銀行勘定調整表（差異がある場合）会計伝票（調整の必要がある場合）					
月初第2営業日まで	決算資料収集（商品関連）	会計担当者	商品入出庫台帳（倉庫部門）商品棚卸表（倉庫部門）仕入まとめ表（購買部門）売上まとめ表（営業部門）	商品種類別粗利集計表 棚卸差異明細表（差異がある場合）会計伝票（棚卸差異がある場合）					
	決算整理仕訳①／償却関連	会計担当者	前払費用償却計算表（会計）長期前払費用償却計算表（会計）固定資産台帳（会計）	前払費用償却に係る会計伝票 長期前払費用償却に係る会計伝票 減価償却費に係る会計伝票					
	決算整理仕訳②／為替差損益関連	会計担当者	為替レート表（銀行）	会計システムへの為替レートマスタ入力プルーフリスト					

第Ⅳ章 チェックリストの詳細

月初第3営業日まで	決算整理仕訳③／未収・未払関連	会計担当者	納品済み発票未到着仕入一覧表（購買部門） 借入金契約書（会計） 未払運送費まとめ表（営業部門） 従業員給与台帳（人事部門）	買掛金確定に係る会計伝票 未払利息に係る会計伝票 未払運送費に係る会計伝票 未払給与に係る会計伝票 未払社会保険料に係る会計伝票 未払個人所得税に係る会計伝票 未払賞与に係る会計伝票					
	決算整理仕訳④／減損関連【四半期決算で実施】	会計担当者	売掛金年齢構成表（営業部門） 棚卸資産年齢構成表（倉庫部門）	貸倒引当金に係る会計伝票 棚卸資産減損に係る会計伝票					
	決算整理仕訳／税金関連	会計担当者	残高試算表（会計）	企業所得税計上に係る会計伝票					
月初第5営業日まで	会計システムの主要科目残高と補助台帳との照合	会計担当者	仕入まとめ表（購買部門） 商品入出庫台帳（倉庫部門） 売上まとめ表（営業部門） 売掛金年齢構成表（営業部門） 給与台帳（人事部門）	会計伝票（調整の必要がある場合）					
	会計伝票承認	財務部長	会計伝票（会計）	承認済み会計伝票					
月初第6営業日まで	月次財務諸表アウトプット	会計担当者	N/A（会計システムよりアウトプット）	会計伝票 残高試算表 財務諸表（B/S, P/L）					
	財務諸表確認	財務部長 総経理	残高試算表 財務諸表（B/S, P/L）	承認済み残高試算表 承認済み財務諸表（B/S, P/L）					
月初第8営業日まで	会計伝票綴じ込み	会計担当者	会計伝票（会計）	会計伝票（綴り込み後）					
月初10日まで	税務申告	会計担当者	月次の財務諸表 増値税月次申告表 企業所得税四半期申告表 個人所得税月次申告表	納税証明書					
月初15日まで	連結パッケージ作成【四半期に一度】	会計担当者	財務諸表（B/S, P/L） 残高試算表 日本親会社が要求する資料	連結パッケージ					
月初15日まで	連結パッケージ確認【四半期に一度】	財務部長 総経理	財務諸表（B/S, P/L） 残高試算表 日本親会社が要求する資料 連結パッケージ	財務部長及び総経理承認後の連結パッケージ					
月初20日まで	連結パッケージ送信【四半期に一度】	総経理	財務諸表（B/S, P/L） 残高試算表 日本親会社が要求する資料 連結パッケージ	N/A（Eメールで送信）					

7－6　会計システムのパスワード管理

チェック手続内容	問題有	問題無	該当なし
会計システムにはパスワードが設定されており，権限のない者が使用できないよう制限されていることをヒアリングにより確かめる。			

【チェックの趣旨】

　会計情報には，会社の損益状況，その内訳情報といった外部に漏洩させてはならない情報が含まれる。これら情報を一元管理している会計システムへのアクセスにはパスワード管理による制限がなされていることをチェックする趣旨である。

【よくある問題点】

　市販の会計パッケージ・システムにおいては，システム起動時に自動的にパスワードが徴求される。そのため，標準的な会計パッケージ・システムを利用している場合は，システムに係るパスワード管理がなされる。

　しかしながら，従業員の給与計算や原価計算，連結パッケージ等についてExcelを利用している場合，網羅的なパスワード管理がなされず，臨機応変に閲覧や修正が可能である事例がある。

【改善事例】

　会計にかかわる帳票をリストアップし，それぞれの作成・閲覧・修正権限者を明確にするとともに，パスワードを付与することにより，会計データへのアクセス制限を行うことが望ましい。

7－7　エクセルシートのチェック状況

チェック手続内容	問題有	問題無	該当なし
エクセルシートについては作成者とは別に確認者を設け，アウトプット資料に作成者と確認者のサインが記載されていることを確認する。			

【チェックの趣旨】

　給与計算，原価計算，原材料入出庫台帳等について，エクセルシートが利用されているケースが多い。その場合，作成者による確認に加え，その上席者等による確認手続が実施され，かつ，その証跡サインが残されているかどうかをチェックする趣旨である。

【よくある問題点】

　エクセルシートの作成は作成者のみに任せられており，第三者によるチェック・確認が実施されていない。

【改善事例】

　給与計算，原価計算，原材料入出庫台帳等のそれぞれのエクセルシートについて，作成者サイン欄と確認者サイン欄，日付記載欄を設ける。月次決算に際して，財務会計責任者はそれぞれの帳票に作成者サインと確認者サイン及び日付が記載されていることを確認する。併せて，上述の決算日程表と整合した日付となっていることを確認することが望ましい。

7-8 マスタ管理状況

チェック手続内容	問題有	問題無	該当なし
マスタ・データ（権限設定，勘定科目設定，為替レート等）を入力・変更する際は，入力者と確認者による牽制チェックがなされていることを資料閲覧及びヒアリングにより確かめる。			

【チェックの趣旨】

　ＩＴシステム上のマスタ・データは，都度入力の手間を省きイレギュラーなデータ入力を排除するという効果がある反面，入力を誤ると後の一連の算出データも誤るというリスクもある。

　マスタ・データ入力に際して，入力を誤らないよう入力者と確認者による牽制手続が実施されていることをチェックする趣旨である。

【よくある問題点】

　マスタ・データの入力・変更に係る牽制チェックの証跡が残されていない。
１人の担当者に任せられている。

【改善事例】

　マスタ・データの入力・変更に際しては，システムからプルーフリストをアウトプットし，入力者と確認者のサイン及び日付を記載する。一般的な会計パッケージ・システムにはプルーフリストをアウトプットする機能が標準で付いている。

　また，これら手続を規程化し，関連担当者に周知させる。

7−9　決算整理仕訳一覧表の整備・運用状況

チェック手続内容	問題有	問題無	該当なし
決算整理仕訳（減価償却費，為替差損益，前払い・未払費用計上等）については，一覧表を作成する，もしくは前月計上額との比較表を作成し，決算整理仕訳に洩れがないことを確認していることを資料閲覧及びヒアリングにより確かめる。			

【チェックの趣旨】

　決算整理仕訳は，仕入れや売上取引のような実物の動き（仕入れであれば原材料の入出庫）の裏付けがなく，財務会計部門の机上の計算によって起票される。そのため，財務会計担当者が計算を誤っているにもかかわらず確認がなされない場合，誤った減価償却費や為替差損益等がそのまま財務諸表に反映されるリスクがある。

　決算整理仕訳に際して適切な確認・牽制がなされていることをチェックする趣旨である。

【よくある問題点】

　決算整理仕訳にかかる計算及び起票が1人の担当者のみに任せられており，上席者による確認や承認がなされていない。

【改善事例】

　決算整理仕訳の起票にあたっては，作成者のみならず上席者もその計算資料を確認し，会計伝票に作成者サイン及び確認者サインを記載する。

　また，減価償却費，為替差損益，前払・未払費用，完成品原価，仕掛品原価，賞与引当金，未払税金等の決算整理仕訳に係る勘定科目については，月次推移表や前年度対比表を作成することによって，異常な変動の有無を発見することができる。大きく増減している場合は，その理由を分析し記録することにより，決算整理仕訳の適正性を確保するための証跡とする。

7-10　財務諸表の承認状況

チェック手続内容	問題有	問題無	該当なし
毎月の財務諸表は経営層により閲覧され，承認されていることを確かめる。			

【チェックの趣旨】

　財務諸表は，企業の財政状態と経営成績を示す資料である。中国現地法人の経営者として，財務諸表を閲覧し現状把握を行った証跡が残されているかどうかをチェックする趣旨である。

【よくある問題点】

　中国現地法人の経営者が財務諸表を確認した証跡が残されていない。

　また，経営者が会計に不案内である場合は，貸借対照表，損益計算書やキャッシュフロー計算書の見方がわからず，会計担当者が作成した財務諸表をそのまま日本親会社に提出している事例も見受けられる。

【改善事例】

　財務諸表には，それぞれ会計責任者の確認サイン欄，経営層による承認サイン欄及び日付記載欄を設ける。

　また，会計に不案内な総経理の場合は，適宜日本親会社の経理部担当者による財務諸表閲覧と分析業務のバックアップが必要と考える。

7－11　税務申告の適時提出

チェック手続内容	問題有	問題無	該当なし
増値税，営業税，個人所得税，企業所得税等の各種税金の申告手続が適時に行われ，受理されていることをヒアリングにより確かめる。			

【チェックの趣旨】

　増値税，営業税及び個人所得税は毎翌月10日が納税申告期限であり，企業所得税は毎四半期10日が納税申告期限である（ただし，地域によって差がある）。

　税務局が定める毎月の納税申告期限までに月次決算が締められ，財務諸表の提出を含む納税申告手続が行われていることをチェックする趣旨である。

【よくある問題点】

　ほとんどの中国現地法人において，期限までに納税申告手続が実施されている。

　よく問題となるケースは，設立直後（営業許可証取得直後）の会計担当者を雇用していない時期において，毎月の納税申告手続を失念しているケースである。この場合，税務局からの指摘と罰金を科される事例もある。

【改善事例】

　設立段階から適切な会計事務所又は会計コンサルティング会社と提携し，納税申告に係る情報を入手する。

8 IT全般管理

8-1 ITシステム導入にかかる中長期計画の有無

チェック手続内容	問題有	問題無	該当なし
会社の全体最適を目的としたITシステム導入にかかる中長期計画が策定されており，当該計画に基づきITシステム導入がなされていることを資料閲覧及びヒアリングにより確かめる。			

【チェックの趣旨】

　財務会計部門，生産管理部門，購買部門，倉庫部門，営業部門等各部門からITシステム・モジュール導入の要望がある場合，各部門のみで必要システムを検討し導入すると，後々会社全体としてIT統制がとれなくなるリスクがある。

　ITシステムを導入する場合は，会社の全体最適を目的として効果ベネフィットと導入コストを比較勘案の上システム導入領域の優先付けを行い，策定された中長期的な計画に基づき導入する必要がある。

　この点は日本国内企業でも同様であるが，部門間セクショナリズムが強くなりがちな中国現地法人では特に経営層が主導して全体最適なITシステム導入計画を策定する必要がある。

【よくある問題点】

　中長期計画がなく導入している。各部門の必要性からでシステム・モジュールを個別に導入し，後々の部門間・業務間システム連携によって得られるはずの効果を享受できない。そのため，せっかく導入した過去のシステムを廃棄して新たなシステムを導入することになり，導入コストが余計に発生したり，オペレーションの変更に対する従業員の抵抗を受けたりする。

　いつまでたっても会社全体の部門間連携を意図したITシステム環境が安定して構築されない。

【改善事例】

　会社全体の業務領域（購買調達，在庫管理，生産管理，労務管理，設備管理，財務会計管理等）を洗い出し，対応して導入すべきシステム機能，その効果，導入／メンテナンスコスト，優先順位に基づく領域ごとの導入順序を3年から5年のITシステム中長

期計画として策定する。導入コストが多額になる場合は，董事会の承認を得ることも考えられる。

　また，中長期計画はその後のITシステム導入進捗と照合することにより，必要十分なITシステムが会社に導入されているかどうかを定期的に確認することができる。

8－2　ITシステム運用にかかる業務フローの構築

チェック手続内容	問題有	問題無	該当なし
購買管理システム，在庫管理システム，販売管理システム等の業務処理統制システムを導入している場合，部門別，職位別に実施すべき作業，時期，仕様画面等が業務フローの形式で明確に定められていることを資料閲覧及びヒアリングにより確かめる。			

【チェックの趣旨】

　ITシステムの運用に際しては，多くの場合部門間の連携が必要となる。例えば，購買部門で原材料発注データをシステムに入力していなければ，倉庫部門で原材料の入庫検収データの入力を行うとエラーになる。なぜなら，発注データがないということは当社が発注していない原材料を倉庫部門が余計に入庫検収しようとしていることにシステム上はなるからである。他にも，入庫検収データがなければ財務会計部門は買掛金計上データを計上できないし，買掛金残高がなければ支払オペレーションも行うことができない。

　すなわち，購買部門，倉庫部門，財務会計部門，IT部門等の各部門が連携した入力作業がなされなければ，ITシステムを円滑に運用できない。そのため，ITシステムの運用に際して実務に沿った業務フローが策定され，従業員の理解と運用合意が形成されていることを確かめる趣旨である。

【よくある問題点】

　多くの場合，ITシステム導入時にシステム会社が業務フローを作成している。しかしながら，業務フローの5W1Hの記載が詳細でなく大雑把な業務フローであるため，各部門のシステム利用担当者は十分に理解していない。

　また，当初のシステム導入時にはシステム会社からインストラクターが派遣され講習会が開催されるが，その当社の担当者の退職による交代があった場合に，システム利用方法について十分な引継ぎが行われていない。

　この場合，せっかく導入したシステムが利用されないことになるが，担当者としては購買管理や在庫管理は行わなければならない。どうするかというと，個人でExcel表フォーマットを作成し，各管理業務を行っている。しかしながら，当該Excel管理表は部門間で転送されないし，財務会計部門でも会計記帳に利用されていない。

【改善事例】

　導入したシステムの機能を十分に発揮するよう，部門間を横断した業務フローを策定する。中国現地法人の場合，社内セクショナリズムが強い傾向があるため，各部門に任せるのみでは部門間を横断した業務フローを作成することは困難なことが多い。対策として，ITシステム導入にかかるプロジェクトチームの結成と外部のコンサルティング会社の利用が考えられる。

　また，業務フローを策定したが，現場担当者の運用合意が得られず形式的なものとなっている事例も多い。対策として，業務フローの策定及びその運用合意形成については，各部門の役職者のみならず，実際にオペレーションを行う現場担当者の参画が必要不可欠である。

8-3　システム導入時の機能要求表の作成状況

チェック手続内容	問題有	問題無	該当なし
ITシステム導入前に，現状の業務と目指す業務内容を反映した機能要求表を作成し，システム会社に伝達していることを資料閲覧及びヒアリングにより確かめる。			

【チェックの趣旨】

　ITシステムを円滑に運用するためには，自社の各業務プロセスの現場の状況に適した機能をシステムが保有していなければならない。より具体的には，アウトプット資料のフォーマット，それを出力するためのインプット・データ，部門間の連携のタイミング等が，現状利用されている帳票や業務フローを反映した形式でシステム画面が構成され，かつ期待される帳票が出力できなければならない。

　そのためには，現状の自社の状況を「機能要求表」にとりまとめ，システム会社に必要十分に伝達しなければならない。

　システム導入前において，システム導入範囲を包含した「機能要求表」が作成され，システム会社に伝達していることを確かめる趣旨である。

【よくある問題点】

　自社の状況をシステム会社に十分に伝達せずにITシステムを導入している。そのため，導入後において現場担当者から「このシステムは使いにくい。管理データが不足している」というクレームが生じてしまい，運用がなされずに放置される。

　システム会社としても導入プロセスにおいて現状調査を行っている。しかしながら，現場担当者へのヒアリングが不十分であったり，また「システム機能に現場作業を合わせる」ことを主軸にして現場担当者の理解・合意を得ないままシステム・モジュールの導入を行っているケースがある。

　業務プロセスの変革に際しては，自らの手を使って作業を行っている現場担当者の理解と運用合意を得なければ変革に至らない。これはシステム導入による業務プロセス変革においても同様である。

　特に中国現地法人では各従業員の個人主義意識が強いため，会社の方針として上意下達でシステム導入・運用を指示したとしても，現場担当者の理解と合意を得ていない場合はシステム運用はなされない。一部の者が運用しないだけで全体の機能を発揮できなくなるERPのような高度システムの場合は運用されないリスクがより高まる。

【改善事例】

　システム導入対象領域にかかる現状の業務を分析し，現在行っている作業内容，利用帳票の記入項目，タイミング，作業担当者名等を洗い出し機能要求表にとりまとめる。機能要求票は現場担当者に説明し，「このような内容を新システムに要求する機能としてシステム会社に伝達するが，過不足・異論はないか」と質問し，合意を得る。

　その後システム会社は対象会社の作業内容を調査するが，機能要求表があればシステム会社の理解は深まり，また現場担当者とのコミュニケーションもスムーズになる。

　機能要求表を自社で作成することが困難な場合もある。その場合，中国でも最近はシステム会社から独立したITシステム上流コンサルティングも増えてきている。必要に応じて活用されたい。

8-4　データ移行の管理状況

チェック手続内容	問題有	問題無	該当なし
旧システムから新システムにデータを移行する際，適切な役割分担，各担当者の作業ボリューム，実施時期，移行確認作業が事前に定められた上で実施されていることを資料閲覧及びヒアリングにより確かめる。			

【チェックの趣旨】

　旧システムから既存システムにデータ移行を行う場合，各種マスタ・データや受注データ，発注データ，在庫データ，債権債務データ等の多くのデータを新システムに入力する必要がある。

　このデータ移行が不十分であったり，また入力を誤っているとその後の新システムの運用に悪影響を及ぼす。対策として，データ移行に際しては適切な役割分担，各担当者の想定作業ボリューム，実施時期，移行確認作業を事前に計画として定めておく必要がある。これら事前の計画に沿ってデータ移行作業が実施されていることを確かめる趣旨である。

【よくある問題点】

　事前のデータ移行計画が定められず，各部門担当者がばらばらに旧システム・データを新システムに移行させている。又は，ごく少数の担当者にデータ移行作業が押し付けられ，データ移行作業が遅々として進まない。

　新システムを提供するシステム会社はデータ移行作業方法を説明するが，原則として自らはデータ移行作業は行わない。なぜなら，取引先マスタデータ等にかかる移行データが誤っていると会社に不測の損害を与えることになり，システム会社に過大な責任が生じるリスクがあるからである。

【改善事例】

　上記【チェックの趣旨】に記載のとおり，データ移行作業は計画的に行う必要がある。また，現場担当者任せにせず，正しく洩れなく新システムにデータが移行したかどうかを上席者等第三者が確認する必要がある。

8−5　ITサーバー室への入退室管理

チェック手続内容	問題有	問題無	該当なし
サーバー等，情報処理のコアとなるハードウェアを保管している部屋の入り口が，鍵が施錠され入退室記録が作成されていることを資料閲覧と現場視察により確かめる。			

【チェックの趣旨】

　システムの基幹サーバーが破壊されたり，また権限のない者が勝手に入室して操作することによって損傷を受けたりすると，システムが正常に機能しなくなる。

　サーバー室は原則として鍵のかかる部屋に保管し，入退室に際しては入退室記録を作成し，権限のない者が侵入できないようになっていることを確かめる趣旨である。

【よくある問題点】

　サーバー等のハードウェアが誰でも出入りできる場所に保管されている。特に中国では，トラブルによる解雇等があった場合にサーバーを破壊したりデータを消去したりして連絡が取れなくなる不心得者もいる。

【改善事例】

　基幹サーバーを保管する独立した部屋を設け，鍵をかけて入退室を制限する。入退室に際してはIDカードを必須とし入退室者の記録が残るシステムとすることも考えられる。

　また，サーバー室については室内温度の管理も必要になる。この点も勘案して保管場所を設置されたい。

8－6　アクセス権限の管理状況

チェック手続内容	問題有	問題無	該当なし
各部門と担当者の職務内容に適したアクセス権限が設定され，ITシステムに登録されていることを資料閲覧及びヒアリングにより確かめる。			

【チェックの趣旨】

　システムには通常，アクセス権限が設定される。画面ごとに参照権限，入力権限，承認権限，修正権限，削除権限がある。

　業務遂行上必要な部署・担当者に必要十分なアクセス権限が付与されていることを確かめる趣旨である。

【よくある問題点】

　システム導入時にシステム会社がアクセス権限を設定する。しかしながら，その後担当者の退職や交代があっても，アクセス権限が更新されていない。新担当者は従前の担当者のIDとパスワードを口頭伝授で引き継ぎ，そのまま利用している。これでは，意図的な不正データの入力やデータの横領があった場合に担当者の責任を追及することができなくなるリスクがある。

　特に中国現地法人の場合，独立したIT部門が設置されていない会社も少なくない。その場合，どの部門が主体となってアクセス権限管理を行うかが明確となっていないこともある。

【改善事例】

　アクセス権限は通常のシステムであればその設定画面をアウトプットできる。これを半年に一度等定期的にシステム利用部門に回付し，担当者の変更の有無を確認の上IT部門に回付する。

　従業員の退職時には，離職票の写しを人事部門からIT部門に回付し，システムID，メールドメインの削除，入退室カードの返却等の諸手続を速やかに行う必要がある。

8-7　アクセス権限の設定手続

チェック手続内容	問題有	問題無	該当なし
ユーザーID及びアクセス権限を付与，変更，停止，削除する場合は，各部門からの申請書が書面で作成されており，権限者の承認が得られているかどうかを資料閲覧及びヒアリングにより確かめる。			

【チェックの趣旨】

　新入社員の入社，担当者の交代，従業員の離職にかかるユーザーID及びアクセス権限の設定・変更・削除に際しては，人事部門又は各部門より申請され，権限基準に基づく権限者の承認を得た上で設定等オペレーションがなされていることを確かめる趣旨である。

【よくある問題点】

　担当者の交代等があった場合に適時に書面で申請がなされていない。

　各部門からIT部門に対してID設定改廃の依頼を口頭やEメールのみで行っている。設定誤りや変更洩れがあった場合にシステム利用者がシステムを利用できなくなるリスクがある。また，意図的に権限者以外にID権限を付与することによって，データの横領，意図的な改ざんがなされるリスクもある。

【改善事例】

　新入社員の入社，担当者の交代，従業員の離職にかかるユーザーID及びアクセス権限の設定・変更・削除に際しては，「ID権限設定改廃申請票」等の書面でIT部門に申請を行う必要がある。「ID権限設定改廃申請票」には，各部門役職者及び人事部門の承認サインを得た上でIT部門に回付する。

　IT部門においても登録誤りがないよう，登録担当者と確認担当者のサインを「ID権限設定改廃申請票」に記載することが望ましい。

8-8 システム構成図の作成状況

チェック手続内容	問題有	問題無	該当なし
ハードウェア，ソフトウェアにかかる会社全体のITシステム環境について，システム構成図が作成されており適切な承認が得られていることを確かめる。			

【チェックの趣旨】

　中国現地法人では特に部門間・個人間のセクショナリズムが強い傾向があるため，会社全体でハードウェア，ソフトウェアがどのように保有・機能しているかを体系的に記録することが望ましい。

　そのために，システム構成図が作成され，経営層による承認が得られていることを確かめる趣旨である。

【よくある問題点】

　会社全体のシステム構成図が作成されていない。

　そのため，部門間でシステムの重複が生じるリスクがある。また，会社全体として必要な機能（例：ファイアーウォールやウィルス対策ソフトウェア）が欠落したりする。

【改善事例】

　会社全体のシステム構成図を作成し，会社にどのようなハードウェア，ソフトウェアが保有されているかを体系的に把握する必要がある。

　追加でシステムを導入する場合は，既存のシステムとの重複の有無，既存システムに与える影響を勘案の上，追加システム購入にかかる意思決定を行う。

8-9 ITシステムのメンテナンス記録の閲覧

チェック手続内容	問題有	問題無	該当なし
ITシステム全般について，障害防止のためのメンテナンスが定期的に行われていることを資料閲覧及びヒアリングにより確かめる。			

【チェックの趣旨】

　近年日本企業でも中国企業でも，財務諸表の作成がITシステムに相当程度依拠している。ITシステムが障害により停止したり過去のデータが毀損されたりすることにより，決算処理を行えなくなるリスクがある。

　そのため，ITシステム全般について障害防止のためのメンテナンスが定期的に行われていることを確かめる趣旨である。

【よくある問題点】

　システム障害が発生する都度，IT部門や外部システム会社に対応を問い合わせ対処している。障害を防止するためのメンテナンスを実施していたとしてもその記録がない。メンテナンスにかかる計画も策定されていない。

【改善事例】

　年次でシステムメンテナンス計画を策定し会社全体のシステムが循環的にメンテナンスされるよう意図する必要がある。また，メンテナンスの実施記録（日付，担当者，実施内容）を記録し，計画どおりにメンテナンスが実施されているかどうかを確認する必要がある。

　中国でも小規模企業では，外部のシステム会社にメンテナンス業務を委託している事例も多い。その場合でもメンテナンス計画と月々の実施記録は入手しておく必要がある。

8－10 特権IDの管理状況

チェック手続内容	問題有	問題無	該当なし
システムの特権IDはIT部門等限定された部門，担当者に保有され，その利用時には「データ修正依頼書」等の書面で申請，承認された上で実行されていることを資料閲覧及びヒアリングにより確かめる。			

【チェックの趣旨】

　中国現地法人の総経理には，自社内のシステムに特権IDという「諸刃の剣」の機能が備わっていることを知らないケースが多い。

　どんなシステムでも，全てのデータの入力・承認・変更・削除を行い得るオールマイティのIDが設定されている。これを特権IDという。

　システムの運用上どうしても通常のID権限ではできない，過去に遡ってのデータ修正やデータ追加，取消しを行う必要がある場面が生じる。その場合に特権IDを利用して行うことになる。

　しかしながら，適切な権限者以外の者が特権IDと恣意的に利用すると，売上データの改ざんや承認されていない取引先の入力承認などが可能になる。リスクの高い権限IDである。

　そのため，特権IDを利用する際には，「データ修正依頼書」の書面に申請者，申請内容，申請理由を明記し，申請部門責任者の承認サイン，IT部門受付者，修正内容，修正日時を記録として残し慎重に実施する必要がある。この書面記録が作成され適切な管理の下で特権IDが利用されていることを確かめる趣旨である。

【よくある問題点】

　特権ID利用に際して記録が残されていない。部門担当者は口頭でIT担当者に修正依頼を行い，IT担当者も安易に引き受けデータ修正処理を行っている。

　ひいては，本来各入力部門で正確性を確認しながら日々の入力・承認オペレーションを行うべきであるが，後日でも修正を依頼できるという心理から十分に確認せずにシステムにデータ入力している。その結果，システム内のデータの精度が低下する。

【改善事例】

　まず，特権IDとパスワードはごく限定された者（例：IT部門の中でも選ばれた者）のみが保有し，他者に漏洩してはならない。

次に，IT部門は原則として過去データの代理修正は受け付けない。現場各部門の通常権限内でデータの取消入力と承認及び，新データ再入力をすることとする。しかしながら，どうしても必要がある場合には，「データ修正依頼書」を現場部門から起案した後，申請者，申請内容，申請理由を明記し，申請部門責任者の承認サインを得た上でIT部門に回付する。IT部門においてはIT部門受付者，修正内容，修正日時，修正確認者サインを記録した上で特権IDを利用したデータ修正オペレーションを行う。

　また，IT部門責任者及び経営層は，定期的にシステムから特権IDオペレーションログを閲覧し，必要性のないデータ修正や適切な承認を経ていないデータ修正がなされていないことを確かめる必要がある。

8−11　データ・バックアップの管理状況

チェック手続内容	問題有	問題無	該当なし
重要なデータのバックアップ手続は規程に定められ，当該規程に基づいた手続がなされていることを資料閲覧及びヒアリングにより確かめる。			

【チェックの趣旨】

　システムの損壊により会計データ，購買データ，在庫データ，販売データ等必要なデータまで逸失してしまうと，企業活動に重大な影響を与え，また決算や財務報告が行えなくなる。

　データ・バックアップ手続が会社の規程として明確に定められ，遵守できる体制となっていることを確かめる趣旨である。

【よくある問題点】

　データ・バックアップ手続に関する規程がない。バックアップ手続自体は行われているものの，IT担当者個人の裁量に任されている。その結果，不定期に実施されていたり，保存媒体が外部ハードディスクであったりCD-ROMであったり，またその保管場所も明確でない。

　これではデータを喪失するリスクに加え，データが社外に流出するリスクまで加わる。

【改善事例】

　データ・バックアップ規程を設け，体系的にデータ・バックアップがなされる必要がある。

　データ・バックアップ規程には一般的に次の項目が記載される。

① 　データ・バックアップ部署と責任者

② 　バックアップの対象データ

③ 　バックアップの時期，頻度

④ 　バックアップの方法

⑤ 　データ保存先媒体とその保管場所

⑥ 　バックアップデータの保存期間

⑦ 　バックアップ記録の作成と承認

8−12　バックアップからのリストア手続

チェック手続内容	問題有	問題無	該当なし
バックアップ・データからのリストア手続が規程に定められ，年1度程度はリストアの予行演習が行われていることを資料閲覧及びヒアリングにより確かめる。			

【チェックの趣旨】

　せっかくデータのバックアップを取っていたとしても，いざITシステムの障害時に修復・復元しようとしてもできなければ意味がない。

　ITシステムの障害に備えて，バックアップ・データが実際に復元できることを予行演習として確認していることを確かめる趣旨である。

【よくある問題点】

　リストア手続にかかる規程がない。全てITシステム担当者の裁量に任されている。また，バックアップデータは取っているもののリストア手続を実際に行って確かめたことはない。

【改善事例】

　リストア手続にかかる規程を設ける。また，年に1度程度は予行演習としてリストア手続を実施することが望まれる。リストア実施の際は実施時のシステム画面を保存することにより，正常に実施できたことを後日確認できることが望ましい。

8-13　障害記録の管理状況

チェック手続内容	問題有	問題無	該当なし
ITシステムに障害が発生した都度、障害記録簿に障害の内容、発生日時、担当者、関連システム、原因、対策を記録し、上席者の承認を得ていることを資料閲覧及びヒアリングにより確かめる。			

【チェックの趣旨】

　ハードウェアやソフトウェアの故障時に、その場で対処するのみならず、故障内容、発生原因、その場の対策、対処者等を記録し、後日のシステムの追加、変更やアップグレードの際の参考となるよう記録を残していることを確かめる趣旨である。

【よくある問題点】

　障害記録簿が作成されていない。IT担当者はシステムユーザー（従業員）から障害発生時に助けを求められた都度、その対処手続を行っているが、記録としては残されていない。

　障害発生が発生しても従業員は一切経営者に知らせることなく、その場の対処で済ませがちである。

【改善事例】

　障害発生の原因がパソコン等ハードウェアの旧式化やOSの保証期限切れ、外部からの不正侵入（ウィルス）である場合、その場の対処のみではなく会社として体系的な対策を講じる必要がある。場合によっては追加システム導入のコストをかけて改善する必要も生じる。

　そのためには、システム障害の内容をITシステム担当者のみが把握するのではなく、予算権限を有する経営者に対してシステム障害記録簿を利用して報告する必要がある。

【巻末資料】

日本語／中国語対訳
財務会計業務別チェックリスト一覧表

【資金管理のチェックリスト】

No.	項　目	チェック手続内容	問題有	問題無	該当なし
1-1	現金の保管場所	現金は通常、鍵のついた金庫に保管され、誰でも触れることができないようになっているかを現場視察により確かめる。			
1-2	金庫の鍵の保管状況	金庫の鍵は総経理等一定の職位以上の者により保管され、誰でも触れることができないようになっているかをヒアリングにより確かめる。			
1-3	空白小切手・振込依頼書の保管状況	空白小切手及び銀行への振込依頼書は金庫等に保管されており、誰でも触れることができないようになっているかを現場視察により確かめる。			
1-4	現金の保管限度額	現金出納帳の閲覧及びヒアリングにより、現金の保管限度額が定められ、遵守されているかを確かめる。また、現金取引額と比較して現金保管限度額が過大となっていないかを確かめる。			
1-5	現金の棚卸状況	日々の現金残高は適切な頻度で棚卸がなされ、棚卸を行った記録及び現金出納帳と照合した旨のサイン、上席者による確認サインが残されているかを確かめる。			
1-6	現金出納帳の記録状況	現金出納帳は現金入出金の都度適時に記入されているかを現金出納帳の閲覧及びヒアリングにより確かめる。			
1-7	預金出納帳の記録状況	預金出納帳（用友の場合は預金日記帳）は原則として、預金入出金の都度適時に記入されているかを預金出納帳の閲覧及びヒアリングにより確かめる。			
1-8	預金残高確認書との照合状況	預金出納帳は毎月銀行発行の残高確認書（中文：対帳単）と照合され、差異が生じている場合は差異内容を分析した資料（銀行勘定調整表）が作成され、上席者による承認サインが記載されていることを確かめる。			
1-9	支払申請の運用状況	現金・預金の支払に際しては、起案部門が作成した支払申請書が作成されており、上席者の承認が得られた上で支払がなされていることを確かめる。			

【货币资金管理】

No.	项目	检查方法及内容	有问题	无问题	不适用
1-1	现金保管场所	平时将现金保管在带有钥匙的保险箱内，并通过对现场进行视察，确认其保管在不是所有人都能触及到的地方。			
1-2	保险箱钥匙保管情况	通过面谈，确认保险箱钥匙由总经理等一定职位以上的管理人员进行保管，并且不是所有人都能触及到的。			
1-3	空白支票·贷记凭证的保管情况	通过现场视察，确认了空白支票及向银行转账用的贷记凭证存放在保险箱内，并且不是所有人都能触及到的。			
1-4	库存现金限额	通过现金日记账及面谈，确认规定了库存现金限额，及其遵守情况。并且，与现金交易额进行比较，确认库存现金限额是否过高。			
1-5	现金盘点情况	确认适时地对每日现金结余数进行实地盘点的记录，确认是否有表明将盘点记录与现金日记账进行了核对的签字，以及上级的确认签字。			
1-6	现金日记账的记录情况	通过阅览现金日记账及面谈，确认是否对每笔现金的收支都及时地进行了记录。			
1-7	银行存款日记账的记录情况	通过阅览银行存款日记账及面谈，确认是否原则上每笔银行存款的收支都及时地进行了记录。			
1-8	银行存款对账单的核对情况	确认是否将银行存款日记账与每月银行发行的银行余额对账单进行了核对，发生差异时，编制银行存款余额调节表，分析发生差异的原因，并记载了上级的审批签字。			
1-9	支付申请的运用情况	确认使用现金及银行存款支付时，有无委托付款部门起草的支付请求书，并获得上级的审批后才支付。			

No.	項目	チェック手続内容	問題有	問題無	該当なし
1-10	インターネットバンキングの牽制状況	インターネットバンキングシステムの送金オペレーションに際しては入力者と承認者の牽制手続がなされていることを,ヒアリングと現場視察により確かめる。			
1-11	インターネットバンキングの振込先マスタ登録牽制状況	インターネットバンキングシステムの振込先マスタ登録オペレーションに際しては入力者と承認者の牽制手続がなされていることを,資料閲覧とヒアリングにより確かめる。			
1-12	インターネットバンキングの送金限度額	インターネットバンキングシステムに1回当たり,又は1日当たりの送金限度額が設定されていることを資料閲覧及びヒアリングにより確かめる。			
1-13	不要な銀行口座の有無	会社が保有する銀行口座のうち,長期間利用されておらず放置されている口座がないかを,資料閲覧及びヒアリングにより確かめる。			
1-14	仮払金に係る会計伝票の起票状況	出張旅費等に係る仮払金について,仮払い時及び精算時それぞれの取引に対応する会計伝票が起票されていることを,資料閲覧及びヒアリングにより確かめる。			
1-15	仮払現金の記録状況	出張旅費等の現金仮払いを行う際は,適切な記録簿に記録され,精算消込み管理及び精算遅延に対する督促がなされていることを資料閲覧及びヒアリングにより確かめる。			
1-16	発票の管理状況	現金預金の支払に際しては,原則として発票の入手が必要である旨周知されているかについてヒアリングにより確かめる。			
1-17	借入金台帳の記録状況	借入金の調達及び返済状況が適時に記録され,年に一度は借入契約書,返済予定表及び残高確認書と照合しているかどうかを確かめる。			
1-18	支払利息の計上状況	借入金支払利息については,毎月未払利息が計上されていることを確かめる。			
1-19	預金利息の計上状況	定期預金利息については,毎月未収利息が計上されていることを確かめる。			

No.	项目	检查方法及内容	有问题	无问题	不适用
1-10	网银的牵制情况	通过面谈及现场视察，确认网银系统汇款时，录入人和审批人是否有相互牵制。			
1-11	登录网银汇款账号初始数据的牵制情况	通过查阅资料及面谈，确认在网银系统中登录汇款初始数据时，录入人和审批人是否相互牵制。			
1-12	网银的汇款限额	通过查阅资料及面谈，确认网银系统是否设置每次或者每日的汇款限额。			
1-13	是否存在不用的银行账户	通过查阅资料及面谈，确认公司现有的银行账户中是否存在长时间放置不使用的账户。			
1-14	暂支款的会计凭证制作情况	通过阅览及面谈，确认对于出差旅费等暂支款，在暂支的时候以及报销的时候对于各个交易制作了对应的会计凭证。			
1-15	暂支款的记录情况	通过阅览及面谈，确认有出差旅费等暂支款时，是否在恰当的记录本上进行了记录，并进行了报销结算管理，及结算延迟时进行了督促。			
1-16	发票管理情况	通过面谈，确认全体人员是否知晓使用现金及银行存款支付时，原则上必须拿到发票。			
1-17	借款台账的记录情况	确认是否及时记录了筹措借款及还款情况，及每年一次将借款合同书，还款计划表及余额确认书进行了核对。			
1-18	应付利息的计提情况	确认是否就借款的利息，每月底都计提了应付利息。			
1-19	银行存款利息的计提情况	确认是否就定期存款的利息，在每月底都计提了应收利息。			

No.	項目	チェック手続内容	問題有	問題無	該当なし
1-20	為替差損益の計上状況	外貨建金銭の取引記録に適用する為替レート及び，月末換算替えに適用する為替レートが適切に把握され，為替差損益が算定されているかどうかを会計伝票の閲覧及びヒアリングにより確かめる。			
1-21	資金繰り表の作成状況	現金預金の入出金について，その実績記録のみならず予算資金繰りまで作成されており，予算実績対比表による差異分析が行われていることを確かめる。			
1-22	担保提供資産の状況把握	借入金の担保資産には，固定資産台帳等にその旨が記録されており，適切に保全がなされていることを確かめる。			
1-23	各管理台帳と総勘定元帳の一致	現金出納帳，預金出納帳，仮払金記録簿，借入金台帳等の諸台帳の期末残高と，会計システムの各勘定科目残高が一致していることを毎月確認しているかについて，ヒアリングにより確かめる。			

No.	项　　目	检查方法及内容	有问题	无问题	不适用
1-20	汇兑损益的估算情况	通过阅览会计凭证及面谈，确认恰当地把握了外币的交易记录所适用的汇率，及月末换算的汇率，并计算了汇兑损益。			
1-21	资金管理表的做成情况	确认就现金，银行存款的收支，不仅对实际发生进行了记录，而且预先做好了《资金预算管理表》，及通过《预算实绩对比表》进行了差异分析。			
1-22	把握抵押资产的情况	确认用于借款的抵押资产，在固定资产台账等中记录了抵押的情况，并进行了适当的保全。			
1-23	确认各管理台账与总账的一致	通过面谈，确认每月都核对了现金日记账，银行存款日记账，暂支款记录簿，借款台账等各台账的期末余额与会计系统的各科目余额是否一致。			

【購買・在庫管理のチェックリスト】

No.	項　　目	チェック手続内容	問題有	問題無	該当なし
2-1	仕入先の信用調査	新規の仕入先と取引を開始する前に，仕入先の信用度を調査の上経営層の承認を得ていることを確かめる。			
2-2	仕入先マスタの設定状況	購買管理に係るITシステムを導入している場合，仕入先マスタ・データの入力時にプルーフリストのアウトプット等により入力データの正確性を確認していることについて，資料閲覧及びヒアリングにより確かめる。			
2-3	購買承認の運用状況	購買申請書上に，必ず購買申請者と購買承認者の両者のサインが記載され，牽制がなされているかをサンプリングにより確かめる。			
2-4	合い見積りの入手状況	購買先選定に際しては，原則として合い見積りを入手しているかについて，ヒアリングにより確かめる。			
2-5	発注数量単位と現物カウント単位の一致状況	購買部門が仕入先に送付する発注書上の原材料数量単位と，検収入庫及び棚卸手続において原材料現物をカウントする数量単位が一致していることを確かめる。			
2-6	発注データと入庫データの照合状況	原材料等の入庫検収時に，事前の発注データと照合することによって，当社が発注した品物が仕入先より入荷していることを確かめる手続があるかどうかを資料閲覧及びヒアリングにより確認する。			
2-7	入庫検収記録の作成状況	原材料等の入庫検収手続にあたって，入庫検収作業記録書が作成され，確認者のサインが記載されていることを，資料閲覧及びヒアリングにより確かめる。			
2-8	検収・入庫事実と会計記録の整合性	仕入品の検収・入庫記録が作成され，当該記録に基づいて仕入れに係る会計伝票が起票されるルートが形成されていることを資料閲覧により確かめる。			
2-9	発注残数量の管理状況	仕入先への発注数量と仕入先からの納品数量を照合し消込みを行うことにより，発注したにも関わらず未納品となっている発注口がいくらあるかが明確になっていることを，資料閲覧及びヒアリングにより確かめる。			

【采购管理】

No.	项目	检查方法及内容	有问题	无问题	不适用
2-1	供应商信用调查	确认在与新供应商发生业务往来之前，是否对供应商进行了信用调查并获得上级的审批。			
2-2	供应商档案的设定情况	如果公司导入了采购管理相关的IT系统，通过查阅资料及面谈，确认录入供应商档案时，是否通过打印检查清单等检查录入数据的正确性。			
2-3	采购审批的运用情况	通过抽样调查，确认采购申请书上必须有采购申请者和采购审批者的签字，存在内部牵制。			
2-4	多方报价的取得情况	通过面谈，确认选定供应商时，原则上都取得了多方报价。			
2-5	订购数量单位和实物清点单位的一致情况	确认采购部门在发送给供应商的订单上填写的原材料数量单位，和验收入库及盘点手续中原材料实物的清点单位是否一致。			
2-6	订购数据和入库数据的核对情况	通过查阅资料及面谈，确认在原材料的入库验收时，通过事先与订购数据进行核对，确认供应商送来的是本公司订购的物品。			
2-7	入库验收记录的制作状况	通过查阅资料及面谈，确认在进行原材料入库验收手续时，制作了入库验收作业的记录资料，并记录了确认人的签名。			
2-8	实际验收，入库与会计记录的相符情况	通过查阅资料，确认制作了采购材料的验收，入库记录，及根据该记录制作采购会计凭证的一系列流程。			
2-9	未完成订购单数量的管理情况	通过查阅资料及面谈，确认通过实施了将发给供应商的订购数量和供应商送货的数量进行核对并核销，掌握了本公司有多少订购尚未全部完成，还剩多少数量未送货的情况。			

No.	項　目	チェック手続内容	問題有	問題無	該当なし
2-10	発票の入手・保管状況	仕入れに係る会計伝票には、原則として仕入先から入手した発票が添付され保管されていることをサンプリングにより確かめる。			
2-11	仕入データと請求データの照合状況	自社の仕入れに係る入庫検収データと、仕入先からの請求書及び発票データを照合することによって、買掛金計上額の正確性を検証していることを、資料閲覧及びヒアリングにより確かめる。			
2-12	発票の適時入手と仕入れの適時計上	発票記載の日付と、会計上の仕入計上日（会計伝票の日付）が整合しているかについて、ヒアリングにより確かめる。			
2-13	発票発行会社名と振込先銀行口座名の一致状況	仕入先から入手した発票の発行会社名義と、買掛金支払先銀行口座名義が一致していることを資料閲覧及びヒアリングにより確かめる。			
2-14	発票未入手の場合の仕入計上	月末時点で検収・入庫しているにもかかわらず、仕入先から発票未入手である場合、会計上、仕入れの概算計上を行っていることを会計伝票を閲覧することにより確かめる。			
2-15	概算計上仕入れの発票入手消込み状況	月末時点で概算計上した買掛金について、その後発票が入手されたかどうかの消込み管理を行う帳票が整備され、運用されていることを資料閲覧により確かめる。			
2-16	仕入れ単価未確定の場合の見積単価設定状況	仕入れ単価が未確定である場合において見積単価を設定する場合、適切な根拠及び承認の下で見積単価が設定されていることを、資料閲覧及びヒアリングにより確かめる。			
2-17	不良品・品違い品の処理状況	一担検収入庫した後に、不良品や品違い品が判明した場合、仕入先への返品事実を財務部に伝達する帳票が整備され、運用されていることを確かめる。			
2-18	出庫事実と会計記録の整合性	原材料の出庫記録が作成され、当該記録に基づいて原材料費に係る会計伝票が起票されるルートが形成されていることを資料閲覧により確かめる。			
2-19	月次棚卸の実施状況	定期的な月次棚卸が実施されていることを資料閲覧により確かめる。			

No.	项目	检查方法及内容	有问题	无问题	不适用
2-10	发票的取得，保存情况	通过抽样调查，确认采购相关的会计凭证后必须附有供应商处取得的发票，并一起保存。			
2-11	采购数据和请款数据的核对情况	通过查阅资料及面谈，确认通过核对本公司的采购验收入库数据和供应商的请款单及发票数据，验证了应付账款的正确性。			
2-12	及时取得发票和采购会计处理	通过面谈，确认发票上的记载日期和会计上的采购登账日期是否相符。			
2-13	发票开具公司的名称和汇款银行账户是否一致的情况	通过查阅资料及面谈，确认从供应商处取得的发票的公司名称和本公司应付账款的银行账户名称是否一致。			
2-14	未取得发票时的采购会计处理	通过查阅会计凭证，确认在月末时，对于那些发票尚未到达的已验收，入库材料是否进行了暂估入账。			
2-15	暂估入账的发票取得后的勾销情况	通过查阅资料，确认是否存在账簿资料，对于月末暂估的应付账款是否取得了发票进行勾销管理，并且是否实际在运用。			
2-16	采购单价不确定情况下时预估单价的设定情况	通过查阅资料及面谈，确认在采购单价尚未确定的情况下，在需要设定预估单价时，是否根据恰当的根据以及获得审批后，设定了预估单价。			
2-17	次品，发错品的处理情况	确认在验收，入库后发现有次品，发错品时，是否存在将退货给供应商的事实报告给财务部的表单，并被运用。			
2-18	实际出库与会计记录的相符情况	通过查阅资料，确认了制作了原材料出库记录，及存在根据该记录制作原材料费会计凭证的流程。			
2-19	月度盘点的实施情况	通过查阅资料，确认是否定期实施了月度盘点。			

No.	項　目	チェック手続内容	問題有	問題無	該当なし
2-20	棚卸の網羅性確認状況	棚卸に際しては，倉庫内見取り図の消込み等により，全ての棚卸がなされていたことを確認する記録が残されていることを，資料閲覧により確かめる。			
2-21	月次棚卸の牽制状況	現物カウントに際しては，カウント者と確認者，又は財務部担当者による立会いにより，正確性に係る牽制がなされていることをサンプリングにより確かめる。			
2-22	棚卸差異の分析状況	棚卸差異については，重要性の基準値が設定され，それを超える棚卸差異についてはその原因が分析され，記録されていることを資料閲覧により確かめる。			
2-23	倉庫担当者と会計担当者の連携状況	倉庫担当者は，会計担当者に適時に必要資料を提示し，問い合わせにも的確に回答する等の連携が取れているかについて，ヒアリングにより確かめる。			
2-24	期末外貨建債務の換算状況	月末における買掛債務残高について，中国人民銀行が公表する中間値（ＴＴＭ）により換算替えが行われ，為替差損益が適切に算定されていることを資料閲覧及びヒアリングにより確かめる。			
2-25	滞留買掛金の管理状況	一定の支払サイトを超えて決済されていない買掛金については，その原因が明確になっており，また購買責任者に伝達されていることをヒアリングにより確かめる。			
2-26	買掛金支払サイトの管理状況	契約書等で定められた買掛金支払サイトに基づき，買掛金及び未払金の支払を行っているかどうかを資料閲覧及びヒアリングにより確かめる。			
2-27	滞留原材料の管理状況	滞留原材料が帳簿の上で明確になっており，その状況が購買責任者に伝達されていることをヒアリングにより確かめる。			
2-28	取引先との残高照合の状況	定期的に取引先との残高照合がなされており，不一致の場合の原因分析についての記録が残されていることを，資料閲覧により確かめる。			
2-29	各管理台帳と総勘定元帳との一致	原材料入出庫台帳，買掛金台帳等の諸台帳の期末残高と，会計システムの各勘定科目残高が一致していることを毎月確認しているかについて，ヒアリングにより確かめる。			

No.	项 目	检查方法及内容	有问题	无问题	不适用
2-20	确认盘点的完整性	通过查阅资料，了解盘点时根据仓库内存放位置图逐个安排盘点位置并记录勾销，确认对所有物品都进行了盘点的记录。			
2-21	月度盘点的牵制情况	通过抽样调查，确认清点实物时有清点者与确认者，或财务担当者监盘，存在确保盘点数据的准确性的相互牵制。			
2-22	盘点差异的分析情况	通过查阅资料，确认对盘点差异设定了重要性的基准值，并对超出基准值的盘点差异分析了原因及留有记录。			
2-23	仓库担当者与会计担当者的合作情况	通过面谈，确认仓库担当及时地向会计担当提交了所需资料，并确切回答了对方的提问等，进行了合作。			
2-24	期末外币债务的换算情况	通过查阅资料及面谈，确认在月末对于应付债务的余额，根据中国人民银行公布的汇率中间值（ＴＴＭ）进行了换算，并恰当地计算了汇兑损益。			
2-25	长期挂账应付账款的管理情况	通过面谈，确认对超过一定支付期限而未结算的应付账款，明确了原因并向采购负责人进行了传达。			
2-26	应付账款账期管理情况	通过查阅资料及面谈，确认是否根据合同等规定的应付账款的支付账期，进行了应付账款或其他应付款的支付手续。			
2-27	长期滞留原材料的管理情况	通过面谈，确认长期滞留原材料在账簿上有明确的记载，并将此情况向采购负责人进行了传达。			
2-28	与交易方的对账情况	通过阅览资料，确认定期实施了与交易方的对账，在发生不一致时分析了原因并留有记录。			
2-29	各管理台账与总账的一致情况	通过面谈，确认每月对原材料出入库台账，应付账款台账等各台账的期末余额与会计系统的各会计科目的余额是否一致进行了检查。			

【労務費管理のチェックリスト】

No.	項目	チェック手続内容	問題有	問題無	該当なし
3-1	架空従業員の有無	実際は勤務していない架空従業員に対して給与を支払っていないかを，資料閲覧及びヒアリングにより確かめる。			
3-2	労務費の把握，集計状況	労務費が定期的に算定され，適時に会計計上されているかについて，会計伝票の閲覧及びヒアリングにより確かめる。			
3-3	労務費の期間帰属	労務費（残業代等手当含む）の計算期間と会計期間が一致していることをヒアリングにより確かめる。必要に応じて未払給与が計上されていることを確かめる。			
3-4	社会保険料の計上，納付状況	社会保険料が適切に算定され，適時に会計計上及び納付されていることを伝票閲覧により確かめる。			
3-5	個人所得税の計上，納付状況	個人所得税が適切に算定され，適時に会計計上及び納付されていることを伝票閲覧により確かめる。			
3-6	外国籍従業員の個人所得税の計上，納付状況	外国籍従業員について個人所得税が適切に算定され，適時に会計計上及び納付されていることを伝票閲覧により確かめる。			
3-7	賞与引当金の計上状況	賞与支給が見込まれる際，月次で賞与引当金（又は未払賞与）が計上されていることを確かめる。			
3-8	人事担当者と会計担当者との連携状況	人事担当者は，会計担当者に適時に必要資料を提示し，問い合わせにも的確に回答する等の連携が取れているかについて，ヒアリングにより確かめる。			
3-9	労務日報の収集状況	労務日報が適切に記載され，上席者の承認サインを経た上で財務部に提出されているかをサンプリングとヒアリングにより確かめる。			
3-10	銀行振込データと給与台帳の一致状況	承認済みの給与台帳と銀行振込データを照合することにより，給与台帳と異なった振込みがなされていないかどうかを確かめる。			
3-11	給与・賃金の支払状況	給与・賃金が適時に支払われ，また支払額についてのクレームの有無，対応状況についてヒアリングにより確かめる。			

【劳务费管理】

No.	项目	检查方法及内容	有问题	无问题	不适用
3-1	是否有虚构的员工	通过查阅资料及面谈，确认是否有对虚构的员工支付薪资。			
3-2	劳务费的掌握，统计情况	通过阅览会计凭证以及面谈，确认定期地计算了劳务费，及时地进行了会计入账处理。			
3-3	劳务费的期间归属	通过面谈，确认劳务费（包括加班费等津贴）的计算期间和会计期间保持一致，并且根据需要计提了应付工资。			
3-4	社会保险费的计提，缴纳情况	通过阅览会计凭证，确认社会保险费是经过恰当计算的，并及时地进行了会计计提以及缴纳。			
3-5	个人所得税的计提，缴纳情况	通过阅览会计凭证，确认个人所得税是经过恰当计算的，并及时地进行了会计计提以及缴纳。			
3-6	外籍员工的个人所得税的计提，缴纳情况	通过阅览会计凭证，确认外籍员工的个人所得税是经过恰当计算的，并及时地进行了会计计提以及缴纳。			
3-7	奖金准备金的计提情况	在预计将会支付奖金的情况下，确认每月都计提了奖金准备金（或应付工资）。			
3-8	人事担当和会计担当的合作情况	通过面谈，确认人事担当及时地向会计担当提供所需资料，并恰当地答复后者的疑问，互相之间进行了合作。			
3-9	劳务日报的统计情况	通过抽样调查及面谈，确认有确切记录的劳务日报，并经过领导审核签字后递交给财务部。			
3-10	银行汇款数据与薪资台账的一致情况	通过核对审批过的薪资台账与银行汇款数据，确认是否有出现与薪资台账不符的汇款。			
3-11	工资・薪金的支付情况	通过面谈，确认及时地支付了工资・薪金，对于支付金额是否发生过投诉，及其处理情况。			

No.	項目	チェック手続内容	問題有	問題無	該当なし
3-12	人事考課の状況	昇格，昇給等が定められた人事考課規程に基づき行われており，恣意的な昇格，昇給等が行われていないかどうかを資料閲覧及びヒアリングにより確かめる。			
3-13	各管理台帳と総勘定元帳との一致	給与台帳，未払個人所得税台帳等の諸台帳の期末残高と，会計システムの各勘定科目残高が一致していることを毎月確認しているかについて，ヒアリングにより確かめる。			

No.	项目	检查方法及内容	有问题	无问题	不适用
3-12	人事考核情况	通过查阅资料及面谈，确认公司的晋升，加薪等是否符合人事考核制度的规定，是否有出现擅自晋升，加薪等情况。			
3-13	各管理台账与总账的一致情况	通过面谈，确认每月都对工资台账，应付个人所得税台账等各台账的期末余额与会计系统的各会计科目余额的一致性进行了检查。			

【販売管理のチェックリスト】

No.	項 目	チェック手続内容	問題有	問題無	該当なし
4-1	引合い情報の一元管理状況	各営業担当者が保有している顧客からの引合い情報は，営業部長等の権限者に伝達され，会社全体としての営業戦略を検討できるよう，一元管理されていることを資料閲覧及びヒアリングにより確認する。			
4-2	与信管理の状況	中国現地法人の意思で販売を行う際，事前に与信調査や与信限度額の設定が行われており，営業担当者に周知されていることを資料の閲覧及びヒアリングにより確かめる。			
4-3	顧客マスタの設定状況	販売管理に係るITシステムを導入している場合，顧客マスタ・データの入力時にプルーフリストのアウトプット等により入力データの正確性を確認していることについて，資料閲覧及びヒアリングにより確かめる。			
4-4	製商品マスタ・データの入力確認状況	販売・在庫管理に係るＩＴシステムを導入している場合，製商品マスタ・データの入力時にプルーフリストのアウトプット等により入力データの正確性を確認していることについて，資料閲覧及びヒアリングにより確かめる。			
4-5	販売価格の設定状況	販売に際して販売価格の標準が定められ，逸脱する場合には上席者の承認記録が残されていることを資料の閲覧及びヒアリングにより確かめる。			
4-6	製商品出荷の承認状況	製商品を出荷する際，営業担当者や倉庫担当者の独断ではなく上席者の承認が得られていることを，資料閲覧及びヒアリングにより確かめる。			
4-7	製品出荷事実と会計記録の整合性	財務部は製品出荷又は顧客による検収事実を把握しており，当該事実に基づいて売上を計上していることをサンプリングで確かめる。			
4-8	前受金の管理状況	顧客との契約書上，前受金を収受してから製商品を出荷する約定となっている場合，都度の出荷前に前受金を収受していることを確認していることを，資料閲覧及びヒアリングにより確かめる。			

【销售管理】

No.	项目	检查方法及内容	有问题	无问题	不适用
4-1	商务信息的一元化管理情况	通过阅览资料以及面谈，确认各个销售担当所持有的客户商务信息是否传达给了销售部长等上级领导，并且在公司内进行了统一管理，以便制定公司整体的销售战略。			
4-2	授信管理的情况	通过阅览资料以及面谈，确认基于中国当地法人的判断进行销售时，事前进行了信用调查，设定了授信额度，并通知了所有营业担			
4-3	客户档案的设定情况	如果公司导入了销售管理相关的IT系统，通过查阅资料及面谈，确认录入客户档案时，是否通过打印检验清单等检查录入数据的正确性。			
4-4	产品·商品基础信息的输入确认情况	通过阅览资料以及面谈，确认在导入了销售·库存管理相关的ＩＴ系统的情况下，对于输入的产品·商品基础信息，是否打印了数据清单，确认了输入数据的正确性。			
4-5	销售价格的设定情况	通过阅览资料以及面谈，确认销售时设定了销售价格标准，当有偏离时事先通过了上级的审批，并留有审批的证据。			
4-6	产品发货的审批情况	通过查阅资料及面谈，确认产品的发货是否有获得上级审批而非营业担当或仓库担当擅自发货。			
4-7	产品发货事实与会计记录的一致性	通过抽样调查，确认财务部掌握了产品发货，或客户验收的事实情况，并且根据该事实确认了销售收入。			
4-8	预收款的管理情况	合同上与客户约定收到预收款后发货的话，通过查阅资料及面谈，确认每次发货前是否都已确认收到预收款。			

253

No.	項目	チェック手続内容	問題有	問題無	該当なし
4-9	返品の受入状況	顧客からの返品につき，適正なチェック，承認を経た上で受入れを行い，その事実を適時に財務部に伝達していることを資料閲覧とヒアリングにより確かめる。			
4-10	受注残数量の管理状況	顧客からの受注数量と出荷数量を照合し消込みを行うことにより，受注したにも関わらず未出荷となっている受注口がいくらあるかが明確になっていることを，資料閲覧及びヒアリングにより確かめる。			
4-11	クレームの処理状況	顧客からクレームがあった場合，書面でその記録を残し，経営層や経営会議に伝達，協議されていることを資料閲覧とヒアリングにより確かめる。			
4-12	売上値引・取消しの承認状況	顧客からのクレーム等の原因により事後的に売上の値引や取消しを行う際は，営業担当者の独断ではなく上席者の承認を得ていることを資料閲覧及びヒアリングにより確かめる。			
4-13	請求書の確認状況	顧客に請求書を発行するに際して，請求内容，金額，日付の正確性を上席者が確認していることを資料閲覧及びヒアリングにより確かめる。			
4-14	発票の発行状況	売上計上に際して，適正金額で適正時期に発票が発行されていることをサンプリングで確かめる。			
4-15	発票発行会社名称と代金振込元銀行口座名との一致状況	顧客に発行した発票の顧客会社名称と，売掛金入金元銀行口座名義が一致していることを資料閲覧及びヒアリングにより確かめる。			
4-16	営業（又は出荷）担当者と会計担当者の連携状況	営業担当者（又は製品出荷担当者）は，会計担当者に適時に必要資料を提示し，問い合わせにも的確に回答する等の連携が取れているかについて，ヒアリングにより確かめる。			
4-17	期末外貨建債権の換算状況	月末における売掛債務残高について，中国人民銀行が公表する中間値（ＴＴＭ）により換算替えが行われ，為替差損益が適切に算定されていることを資料閲覧及びヒアリングにより確かめる。			

No.	项目	检查方法及内容	有问题	无问题	不适用
4-9	退货的接受情况	通过阅览资料以及面谈，确认对于客户的退货，经过恰当的核对，审批后进行接收，并及时向财务部传递了该退货事实。			
4-10	订单未完成数量的管理情况	通过阅览资料以及面谈，确认对于客户的订单数量和公司的发货数量进行了核对，核销管理，明确掌握了接收订单后尚未发货的数量。			
4-11	投诉的处理情况	通过阅览资料以及面谈，确认当有顾客投诉时保留了书面记录，并向管理层，经营会议进行了汇报，讨论。			
4-12	降价销售・订单取消的审批情况	出现由于客户投诉等原因发生事后降价或取消订单时，通过查阅资料及面谈，确认是经由上级的批准而非营业担当擅自决定。			
4-13	请求书的确认情况	通过查阅资料及面谈，确认向客户发送请求书时的请求内容，金额，日期是否经过上级确认。			
4-14	发票的开具情况	通过抽样调查，确认在确认销售收入时，在正确的期间内开具了正确金额的发票。			
4-15	发票抬头公司名称和银行汇款账户名称是否一致	通过阅览资料以及面谈，确认开具给客户的发票抬头上记载的公司名称是否和应收账款收款的银行账户名称一致。			
4-16	营业（或发货）担当和会计担当的合作情况	通过面谈，确认营业担当（或产品发货担当）及时地向会计担当递交必要的资料，并恰当地答复了后者的提问等，存在良好的合作机制。			
4-17	期末外币债权的换算情况	通过阅览资料以及面谈，确认月末对于应收债权余额根据中国人民银行公布的汇率中间值（TTM）进行了换算，并恰当地计算了汇兑损益。			

No.	項　目	チェック手続内容	問題有	問題無	該当なし
4-18	滞留売掛金の管理状況	滞留売掛金が年齢構成表の形式で把握しており，滞留口について経営層や経営会議に報告され，今後の回収方針が明確になっていることを資料閲覧及びヒアリングにより確かめる。			
4-19	売掛債権評価の妥当性	滞留売掛金について，当社の債権評価基準に基づき適正な評価（貸倒引当金の計上）がなされていることを資料の閲覧及びヒアリングにより確かめる。			
4-20	取引先との残高照合の状況	売掛金残高について，主要取引先と定期的に照合がなされており，取引先が把握している残高と差異が発生した場合にはその原因，取引先との協議が行われていることを資料閲覧及びヒアリングにより確かめる。			
4-21	各管理台帳と総勘定元帳との一致	製品出荷台帳，売掛金台帳等の諸台帳の期末残高と，会計システムの各勘定科目残高が一致していることを毎月確認しているかについて，ヒアリングにより確かめる。			

No.	项 目	检查方法及内容	有问题	无问题	不适用
4-18	滞留应收账款的管理情况	通过阅览资料以及面谈，确认以账龄表的形式把握了滞留应收账款的情况，向管理层，经营会议进行了汇报，并明确了今后回收的方针。			
4-19	应收债权评价的合理性	通过阅览资料以及面谈，确认对于滞留的应收账款根据本公司的债权评价基准进行了恰当的评价（计提坏账准备金）。			
4-20	与交易方的余额对账情况	通过阅览资料以及面谈，确认对于应收账款余额，与主要交易方进行了定期对账，与交易方掌握的余额发生差异时，就其原因与交易方进行了商讨。			
4-21	各管理台账与总账的一致情况	通过面谈，确认每月对产品发货台账，应收账款台账等台账的期末余额与会计系统的各会计科目余额是否一致进行了检查。			

【原価計算のチェックリスト】

No.	項目	チェック手続内容	問題有	問題無	該当なし
5-1	原材料の直間区分状況	原材料費が，適切な基準に基づき直接原材料と間接原材料に区分されていることを資料閲覧及びヒアリングにより確かめる。			
5-2	原材料マスタ・データの入力確認状況	購買・在庫管理に係るITシステムを導入している場合，原材料マスタ・データの入力時にプルーフリストのアウトプット等により入力データの正確性を確認していることについて，資料閲覧及びヒアリングにより確かめる。			
5-3	継続記録法の適用状況	原材料の入庫，出庫について継続記録法が適用され，入庫票，出庫票を用いた集計がなされていることをサンプリングによる資料閲覧及びヒアリングにより確かめる。			
5-4	余剰倉戻しの処理	工程にある未使用原材料が多額である場合，月末に原材料倉庫に倉戻しを行い，会計上も仕掛品勘定から原材料勘定に振り戻されていることを資料閲覧及びヒアリングにより確かめる。			
5-5	原材料払出単価の計算	原材料払出単価は会社所定の算定方法（月別総平均法等）により適切に算定され，また単価未定については適切に見積り単価を設定の上原材料費が算定されていることを資料閲覧及びヒアリングにより確かめる。			
5-6	予定為替レートの利用状況	原材料費の計算に際して，予定為替レートを利用する場合がある。予定為替レートの設定根拠，承認状況について資料閲覧及びヒアリングにより確認する。			
5-7	保税品と非保税品の区分	原材料，仕掛品，完成品について，保税品と非保税品の区別が帳簿上及び現物上で明確に区分されていることを資料閲覧，ヒアリング及び現場視察にて確かめる。			
5-8	製品種類別原材料費集計表の作成状況	製品種類別（あるいはロット別）に原材料費が適切に集計されていることを資料閲覧とヒアリングにより確かめる。			

【成本核算】

No.	项目	检查方法及内容	有问题	无问题	不适用
5-1	原材料的直接间接区分情况	通过阅览资料以及面谈，确认原材料费根据恰当的基准，区分为直接原材料和间接原材料。			
5-2	原材料编码主数据的输入后确认情况	通过阅览资料以及面谈，确认在导入采购・库存管理的ＩＴ系统的情况下，输入原材料编码・主数据后，打印出数据清单，对于输入的正确性进行了检查。			
5-3	永续盘存制的应用情况	通过抽样阅览资料以及面谈，确认原材料的入库，出库应用了永续盘存法，并使用入库票，出库票进行统计。			
5-4	剩余材料退库的处理	通过阅览资料以及面谈，确认工程上有较多剩余原材料时，在月末进行了退库，并在会计处理上从在制品科目转回到原材料科目。			
5-5	原材料发出单价的计算	通过阅览资料以及面谈，确认原材料发出单价是通过公司所规定的核算方法（全月一次加权平均法等）进行核算的。另外，对于单价未定的原材料，在设定预估单价后进行原材料费核算。			
5-6	预定汇率的使用情况	在计算原材料费的时候，有时候需要使用预定汇率。通过阅览资料以及面谈，确认预定汇率的设置根据，审批情况。			
5-7	保税品和非保税品的区分	通过阅览资料，面谈以及现场视察，确认对于原材料，在制品，完成品，无论是在帐簿上还是现场都进行了明确的区分。			
5-8	分产品种类的原材料费统计表的制作情况	通过阅览资料以及面谈，确认分产品种类（或分批次）恰当地统计了原材料费。			

No.	項　目	チェック手続内容	問題有	問題無	該当なし
5-9	労務費配賦基準の設定状況	労務費に係る配賦基準が適切に設定され，当該配賦基準に基づき製品種類別（又はロット別）に労務費が配賦されていることを資料閲覧及びヒアリングにより確かめる。			
5-10	製造経費の集計	残高試算表（中文：科目余額表）を閲覧し，ヒアリングにより各製造経費が適切に集計されていることを確かめる。			
5-11	製造経費の期間帰属	製造経費について，未払費用，前払費用が計上され，適切な期間帰属が図られていることを資料閲覧及びヒアリングにより確かめる。			
5-12	製造経費配賦基準の設定状況	製造経費に係る配賦基準が適切に設定され，当該配賦基準に基づき製品種類別（又はロット別）に製造経費が配賦されていることを資料閲覧及びヒアリングにより確かめる。			
5-13	完成品入庫データの把握状況	完成品入庫数量及び入庫時期が完成品検査表等の根拠に基づき集計されていることを資料閲覧及びヒアリングにより確かめる。			
5-14	原価計算表の作成状況	集計された原材料費，労務費，製造経費に基づき，原価計算表が作成され，上席者及び経営層により閲覧されていることを資料閲覧及びヒアリングにより確かめる。			
5-15	原価計算表の作成時期	原価計算表が翌月初の適切な時期に作成されていることを資料閲覧及びヒアリングにより確かめる。			
5-16	異常原価の分析状況	異常な製品（又はロット）単価については分析が行われており，その結果が経営層に伝達されていることを資料閲覧及びヒアリングにより確かめる。			
5-17	不良品原価の算定状況	不良品原価が算定され，工程改善に利用されていることを資料閲覧及びヒアリングにより確かめる。			
5-18	原価差額の処理状況	標準原価計算を採用している場合，原価差額を適切に分析の上，完成品，仕掛品，売上原価に按分していることを資料閲覧及びヒアリングにより確かめる。			

No.	项目	检查方法及内容	有问题	无问题	不适用
5-9	劳务费分摊基准的设定情况	通过阅览资料以及面谈，确认设定了恰当的劳务费分摊基准，并根据该分摊基准分种类（或分批次）分摊了劳务费。			
5-10	制造费用的统计	通过阅览科目余额表及面谈，确认各制造费用统计恰当。			
5-11	制造费用的期间归属	通过阅览资料以及面谈，确认在制造费用中包含了预提费用，待摊费用，且期间归属恰当。			
5-12	制造费用分摊基准的设定情况	通过阅览资料以及面谈，确认设定了与制造费用相关的分摊基准，并根据该分摊基准分种类（或分批次）分摊了制造费用。			
5-13	完成品入库数据的掌握情况	通过阅览资料以及面谈，确认对于完产品入库数量及入库时期，是根据完成品检查表等根据进行统计的。			
5-14	成本核算表的制作情况	通过阅览资料以及面谈，确认根据统计后的原材料费，劳务费用，制造费用，制作了成本核算表，并交上级以及管理层审阅。			
5-15	成本核算表的制作时期	通过阅览资料以及面谈，确认在次月月初的恰当时期制作完成成本核算表。			
5-16	成本异常的分析情况	通过阅览资料以及面谈，确认对单价异常的产品（或批次）的单价进行了分析，并将结果报告管理层。			
5-17	不良品成本的估算情况	通过阅览资料以及面谈，确认估算了不良品的成本，并为工程改善所使用。			
5-18	成本差异的处理情况	通过阅览资料以及面谈，确认在采用计划成本时，按比例恰当地将成本差异分配入完成品，在制品和销售成本。			

No.	項目	チェック手続内容	問題有	問題無	該当なし
5-19	棚卸マニュアルの整備・運用状況	マニュアルが作成されており，各部門に周知されている。また各部門は棚卸マニュアルに準拠して棚卸手続を行っていることを資料閲覧及びヒアリングにより確かめる。			
5-20	外部預け完成品・仕掛品の確認状況	顧客の倉庫に預けている完成品，及び外注加工先に保管されている仕掛品について，定期的に完成品・仕掛品種類別残数量に係る残高確認書を入手していることを，資料閲覧及びヒアリングにより確かめる。			
5-21	滞留完成品及び仕掛品の把握状況	生産したものの長期間滞留している完成品，又は生産途中のまま長期間経過している仕掛品について，その品種別数量，内容，原因を把握し，必要に応じて評価減の会計処理を行っていることを，資料閲覧及びヒアリングにより確かめる。			
5-22	仕掛品，完成品の棚卸状況	棚卸表の閲覧及びヒアリングにより各製品種類ごとに仕掛品，完成品数量が把握されていることを確かめる。			
5-23	棚卸表の提出タイミング	棚卸表は各部門により適時に作成され，適時に財務部に提出されていることをヒアリングにより確かめる。			
5-24	各管理台帳と総勘定元帳との一致	原価計算表，原材料入出庫台帳等の諸台帳の期末残高と，会計システムの各勘定科目残高が一致していることを毎月確認しているかについて，ヒアリングにより確かめる。			

No.	项目	检查方法及内容	有问题	无问题	不适用
5-19	盘点手册的完善卡运用情况	通过阅览资料以及面谈，确认制作了盘点手册并通知到各部门。并且各部门根据盘点手册实施盘点程序。			
5-20	保管在外的完成品·在制品的确认情况	通过阅览资料以及面谈，确认对于保管在客户仓库里的完成品，或者是保管在委外加工单位的在制品，定期地取得了完成品·在制品的分品种余额数量的余额对账单。			
5-21	滞留完成品及在制品的掌握情况	通过阅览资料以及面谈，确认对于生产后滞留了很长时间的完成品或者是生产过程中长期放置的在制品，对其进行分品种数量，内容，原因进行掌握，有必要的话进行减值评估的会计处理。			
5-22	在制品，完成品的盘点情况	通过阅览盘点表和面谈，确认把握了各种类的在制品，完成品的数量。			
5-23	盘点表提交时间	通过面谈，确认各部门及时制作了盘点表，并及时地提交给财务部。			
5-24	各管理台账与总账的一致情况	通过面谈，确认每月对成本核算表，原材料出入库台账等各台账的期末余额与会计系统的各会计科目的余额是否一致进行了检查。			

【固定資産管理のチェックリスト】

No.	項目	チェック手続内容	問題有	問題無	該当なし
6-1	合い見積りの入手状況	固定資産購買に際して、合い見積りを原則としている旨をサンプリングによる資料閲覧及びヒアリングにより確かめる。			
6-2	購買承認の運用状況	固定資産の購買に際しては、一定のルールに基づいて起案者、承認者の承認証跡が残されていることをサンプリングによる資料閲覧及びヒアリングにより確かめる。			
6-3	固定資産取得と固定資産台帳の整合性	固定資産を取得した場合は固定資産台帳に記帳されるルートが確立されていることを資料閲覧とヒアリングにより確かめる。			
6-4	固定資産マスタ・データの入力確認状況	固定資産管理に係るITシステムを導入している場合、固定資産マスタ・データの入力時にプルーフリストのアウトプット等により入力データの正確性を確認していることについて、資料閲覧及びヒアリングにより確かめる。			
6-5	発票の入手状況	固定資産の取得に際して、適切な発票（増値税発票又は営業税発票）が入手されていることを確かめる。			
6-6	資本的支出と収益的支出の区分	固定資産の修繕費について、資本的支出と収益的支出の区分がなされ会計、税務処理がなされていることをヒアリングにより確かめる。			
6-7	固定資産の異動記録状況	製造工程間や部門間の固定資産異動に際しては、異動申請が財務部になされ、固定資産台帳上の管理部門が変更されていることを資料閲覧及びヒアリングにより確かめる。			
6-8	固定資産の識別ラベルの添付状況	取得した固定資産には、固定資産番号、固定資産名称、管理部門、取得日等の情報がラベルの形で固定資産現物に添付されていることをサンプリング及びヒアリングにより確かめる。			
6-9	固定資産棚卸の実施状況	少なくとも年1度以上は固定資産の実地棚卸が行われ、固定資産の有無、異動状況、故障固定資産、遊休資産の有無が網羅的に把握されていることを資料閲覧及びヒアリングにより確かめる。			

【固定资产管理】

No.	项目	检查方法及内容	有问题	无问题	不适用
6-1	多方询价的取得情况	通过抽样调查，阅览资料，以及面谈，确认在采购固定资产时，原则上要取得多家报价。			
6-2	采购审批的运用情况	通过抽样调查，阅览资料以及面谈，确认在采购固定资产时，根据一定规则，存在申请人和批准人的审批记录。			
6-3	固定资产取得和固定资产台账的一致性	通过阅览资料以及面谈，确认取得固定资产时，确立了固定资产台账的记账规则。			
6-4	固定资产主数据的输入确认情况	通过阅览资料及面谈，确认在导入固定资产管理的IT系统的情况下，对于固定资产主数据输入时，打印出了数据清单等，对输入的数据的正确性进行了检查。			
6-5	发票的取得情况	确认取得固定资产时，取得了适当的发票（增值税发票或营业税发票）。			
6-6	资本性支出和收益性支出的区分	通过面谈，确认固定资产的修理费被区分为资本性支出和收益性支出，分别进行会计，税务处理。			
6-7	固定资产的移动记录情况	通过阅览资料以及面谈，确认制造工序间，部门间发生固定资产移动时，向财务部提交移动申请，并且在固定资产台账上进行了管理部门的变更。			
6-8	固定资产识别标签的粘贴情况	通过抽查以及面谈，确认对于取得的固定资产，将固定资产编号，固定资产名称，管理部门，取得时间等信息以标签的形式粘贴在固定资产实物上。			
6-9	固定资产盘点的实施情况	通过阅览资料以及面谈，确认每年至少实施1次以上固定资产的实地盘点，全面地把握了固定资产有无，移动情况，发生故障的固定资产及闲置的资产。			

No.	項　　目	チェック手続内容	問題有	問題無	該当なし
6-10	固定資産棚卸の網羅性確認状況	会社内の全ての固定資産を棚卸したことを確認するために，組織図や工場レイアウトを利用して消込管理がなされていることを，資料閲覧及びヒアリングにより確かめる。			
6-11	減価償却の実施状況	固定資産は固定資産台帳に基づき会社所定の一定の方法（定額法等）で減価償却されていることを資料閲覧及びヒアリングにより確かめる。			
6-12	固定資産除売却に関する管理状況	固定資産を除却又は売却した場合は，承認ルート及びその事実が各部門から財務部に伝達される仕組みがあることを資料閲覧及びヒアリングにより確かめる。			
6-13	建設仮勘定の管理状況	建設仮勘定については，完成予定日，予定日経過理由が明確になっていることをヒアリングにより確かめる。			
6-14	固定資産の減損状況	固定資産の減損を行うために，減損の兆候，資産グルーピング，将来キャッシュフローの現在価値を把握できる体制にあることをヒアリング及び資料閲覧により確かめる。			

No.	项　　目	检查方法及内容	有问题	无问题	不适用
6-10	固定资产盘点的完整性确认情况	通过阅览资料以及面谈，确认在对于公司内所有的固定资产进行盘点时，为了确保完整性，利用组织架构图或者工厂平面图进行了核销管理。			
6-11	折旧的实施情况	通过阅览资料以及面谈，确认固定资产在固定资产台账上根据公司所规定的方法（直线法等）计提了折旧。			
6-12	固定资产清理，出售的管理情况	通过阅览资料以及面谈，确认固定资产在清理或出售时，存在审批途径以及将该事实从各部门传达到财务部的传递体系。			
6-13	在建工程的管理情况	通过面谈，确认明确了在建工程的预定完成日及逾期理由。			
6-14	固定资产的减值情况	通过面谈以及阅览资料，确认存在能够进行固定资产的减值，掌握减值的征兆，资产分类及未来现金流现值的体制。			

【決算報告のチェックリスト】

No.	項　目	チェック手続内容	問題有	問題無	該当なし
7-1	財務会計規程の整備と運用	財務会計規程が作成されており，財務部及び関連部署が閲覧できる状態となっていることを確かめる。			
7-2	決裁権限規程の整備と運用	購買等に際しての決裁権限が文書で定められており，関連部署が閲覧できる状態となっていることを確かめる。			
7-3	財務部門の継続研修	財務会計部門人員は継続的に研修を受けており，会計員資格を維持するための研修修了証が取得されていることを確かめる。			
7-4	財務部職務分掌規程の整備と運用	財務会計部門における職務分掌が定められており，財務部門内に周知されていることを確かめる。			
7-5	決算日程表の整備と運用	財務会計部門において決算日程表が定められており，当該日程表に基づいて月次決算が行われていることを確かめる。			
7-6	会計システムのパスワード管理	会計システムにはパスワードが設定されており，権限のない者が使用できないよう制限されていることをヒアリングにより確かめる。			
7-7	エクセルシートのチェック状況	エクセルシートについては作成者とは別に確認者を設け，アウトプット資料に作成者と確認者のサインが記載されていることを確かめる。			
7-8	マスタ管理状況	マスタ・データ（権限設定，勘定科目設定，為替レート等）を入力・変更する際は，入力者と確認者による牽制チェックがなされていることを資料閲覧及びヒアリングにより確かめる。			
7-9	決算整理仕訳一覧表の整備・運用状況	決算整理仕訳（減価償却費，為替差損益，前払い・未払費用計上等）については，一覧表を作成する，もしくは前月計上額との比較表を作成し，決算整理仕訳に洩れがないことを確認していることを資料閲覧及びヒアリングにより確かめる。			
7-10	財務諸表の承認状況	毎月の財務諸表は経営層により閲覧され，承認されていることを確かめる。			
7-11	税務申告の適時提出	増値税，営業税，個人所得税，企業所得税等の各種税金の申告手続が適時に行われ，受理されていることをヒアリングにより確かめる。			

【决算报告】

No.	项目	检查方法及内容	有问题	无问题	不适用
7-1	财务会计规定的完善和运用	确认制作了财务会计规定，并且财务部以及相关部门可以阅览此规定。			
7-2	审批权限规定的完善和运用	确认关于采购等的审批权限在文件中予以规定，并且相关部门可以阅览。			
7-3	财务部门的继续教育	确认财务部人员为持续会计上岗证的有效性而接受继续教育并取得合格贴花。			
7-4	财务部职务分担规定的完善和运用	确认规定了财务部门的职务分担并在财务部内部进行了通知。			
7-5	结算日程表的完善和运用	确认财务部门中规定了结算日程表，并根据该日程表进行月度结算。			
7-6	会计系统的密码管理	通过面谈，确认在会计系统中设定了密码，以限制无权限的人员使用。			
7-7	EXCEL表的检查情况	确认对于EXCEL表，在制表人以外设置了复核人，并且打印资料上记载有制表人和复核人的签字。			
7-8	初始数据管理情况	通过阅览资料以及面谈，确认在输入，变更初始数据（例如：权限设定，会计科目设定，汇率等）时，由输入人和复核人进行了牵制检查。			
7-9	结算整理分录一览表的完善，运用情况	通过阅览资料以及面谈确认制作了结算整理分录（折旧费，汇兑损益，预付卡应付费用等的计提）的一览表，或者制作与上月计提额的比较表，并且确认结算整理分录中没有遗漏事项。			
7-10	财务报表的审批情况	确认每月的财务报表由管理层进行了阅览，审批。			
7-11	税务申报的及时提交	通过面谈，确认及时办理了增值税，营业税，个人所得税，企业所得税等各种税金的申报手续。			

【IT全般管理のチェックリスト】

No.	項目	チェック手続内容	問題有	問題無	該当なし
8-1	ITシステム導入にかかる中長期計画の有無	会社の全体最適を目的としたITシステム導入にかかる中長期計画が策定されており，当該計画に基づきITシステム導入がなされていることを資料閲覧及びヒアリングにより確かめる。			
8-2	ITシステム運用にかかる業務フローの構築	購買管理システム，在庫管理システム，販売管理システム等の業務処理統制システムを導入している場合，部門別，職位別に実施すべき作業，時期，仕様画面等が業務フローの形式で明確に定められていることを資料閲覧及びヒアリングにより確かめる。			
8-3	システム導入時の機能要求表の作成状況	ITシステム導入前に，現状の業務と目指す業務内容を反映した機能要求表を作成し，システム会社に伝達していることを資料閲覧及びヒアリングにより確かめる。			
8-4	データ移行の管理状況	旧システムから新システムにデータを移行する際，適切な役割分担，各担当者の作業ボリューム，実施時期，移行確認作業が事前に定められた上で実施されていることを資料閲覧及びヒアリングにより確かめる。			
8-5	ITサーバー室への入退室管理	サーバー等，情報処理のコアとなるハードウェアを保管している部屋の入り口が，鍵が施錠され入退室記録が作成されていることを資料閲覧と現場視察により確かめる。			
8-6	アクセス権限の管理状況	各部門と担当者の職務内容に適したアクセス権限が設定され，ITシステムに登録されていることを資料閲覧及びヒアリングにより確かめる。			
8-7	アクセス権限の設定手続	ユーザーID及びアクセス権限を付与，変更，停止，削除する場合は，各部門からの申請書が書面で作成されており，権限者の承認が得られているかどうかを資料閲覧及びヒアリングにより確かめる。			
8-8	システム構成図の作成状況	ハードウェア，ソフトウェアにかかる会社全体のITシステム環境について，システム構成図が作成されており適切な承認が得られていることを確かめる。			

【IT系统整体管理】

No.	项目	检查方法及内容	有问题	无问题	不适用
8-1	是否制作了IT系统导入相关的中长期计划	通过查阅资料及面谈，确认是否制作了公司整体业务优化为目的的IT系统导入相关的中长期计划，并根据该计划导入系统。			
8-2	与IT系统运用相关业务流程的构建情况	通过查阅资料及面谈，确认在导入采购管理系统，库存管理系统，销售管理系统等的业务处理控制系统时，是否以业务流程的形式对各部门，岗位应该实施的工作，时期，界面等进行了明确规定。			
8-3	系统导入时的性能要求表制作情况	通过查阅资料及面谈，确认在导入IT系统前，是否制作了反映当前的业务和今后想要达成的业务的性能要求表，并将该信息告知系统公司。			
8-4	数据转移的管理情况	通过查阅资料及面谈，确认将数据从旧系统转移到新系统时，是否事先确定合适的角色分担，各负责人的工作负荷，实施节点，数据转移后的检查等工作。			
8-5	IT服务器机房的出入管理	通过查阅资料及现场考察，确认保管包含服务器等信息处理核心设备的房间是否上锁并制作了出入记录表。			
8-6	访问权限的管理情况	通过查阅资料及面谈，确认是否设置与各部门和负责人职位内容相符的访问权限，且登录在IT系统中。			
8-7	访问权限的设置流程	通过查阅资料及面谈，确认在授权，变更，停止，删除用户ID以及访问权限时，各部门是否制作书面申请书，并获得相关有权限人员的审批。			
8-8	系统构成图的制作情况	确认是否针对硬盘，软件相关的公司整体的IT系统环境，制作了系统构成图，并获得相关审批。			

No.	項　目	チェック手続内容	問題有	問題無	該当なし
8-9	ITシステムのメンテナンス記録の閲覧	ITシステム全般について，障害防止のためのメンテナンスが定期的に行われていることを資料閲覧及びヒアリングにより確かめる。			
8-10	特権IDの管理状況	システムの特権IDはIT部門等限定された部門，担当者に保有され，その利用時には「データ修正依頼書」等の書面で申請，承認された上で実行されていることを資料閲覧及びヒアリングにより確かめる。			
8-11	データ・バックアップの管理状況	重要なデータのバックアップ手続は規程に定められ，当該規程に基づいた手続がなされていることを資料閲覧及びヒアリングにより確かめる。			
8-12	バックアップからのリストア手続	バックアップ・データからのリストア手続が規程に定められ，年１度程度はリストアの予行演習が行われていることを資料閲覧及びヒアリングにより確かめる。			
8-13	障害記録の管理状況	ITシステムに障害が発生した都度，障害記録簿に障害の内容，発生日時，担当者，関連システム，原因，対策を記録し，上席者の承認を得ていることを資料閲覧及びヒアリングにより確かめる。			

No.	项目	检查方法及内容	有问题	无问题	不适用
8-9	查询IT系统的维护记录	通过查阅资料及面谈，确认针对IT系统整体，进行了预防故障的定期维护。			
8-10	对管理员ID的管理情况	通过查阅资料及面谈，确认对系统有特权的管理员ID是否被限定在IT部门等特定部门和特定人员，以及是否经过「数据修改委托书」等书面资料的申请，审批后才行使该特权。			
8-11	数据备份管理情况	通过查阅资料及面谈，确认公司制度中是否对重要数据的备份流程作了相关规定，且根据该制度落实工作。			
8-12	备份数据的恢复手续	通过查阅资料及面谈，确认公司制度中是否对备份数据的恢复手续作了相关规定，且每年进行一次数据恢复的演习。			
8-13	故障记录的管理情况	通过查阅资料及面谈，确认每当IT系统发生故障时，是否在故障记录簿中记录故障内容，发生时间，负责人，相关系统，原因，对策，并交给上级审批。			

[著者紹介]

加納　尚（かのう　ひさし）

[略歴]
1971年生まれ。同志社大学商学部卒業。1996年11月会計士補登録。2000年4月公認会計士登録。1996年朝日監査法人（現あずさ監査法人）入所。主に会計監査業務に従事。2003年同退職。欧米系大手コンサルティング会社を経て，2005年8月より中国内日系コンサルティング会社に勤務。2010年3月に独立，レイズ ビジネス コンサルティング（上海）有限公司を設立。

[主要業務実績]
主要業務実績としては，日系中国現地法人の財務諸表監査業務，財務デューデリジェンス業務，J-SOXに基づく内部統制構築支援業務（業務フロー，業務記述書，ＲＣＭ，規程類作成業務を含む），内部統制監査業務，日本親会社による内部監査支援業務，原価計算制度構築支援業務，ＥＲＰ導入コンサルティング業務，チェックリストに基づく財務会計業務評価及び改善提案業務，会計税務顧問業務。他セミナー講師多数。

[著書]
共著：上海・華東進出完全ガイド（カナリア書房）

【レイズ ビジネス コンサルティングの紹介】

中国における日系企業へのコンサルティング・サービスを提供することを目的として，2010年3月に上海にて設立。従来の生産拠点や貿易拠点といった限定的な役割から脱却し，調達・生産・販売の一連の戦略拠点として成長する日系企業の企業経営に対して，効果的なコンサルティングを提供している。

主な業務内容は，本書チェックリストに基づく財務会計業務評価及び改善提案・指導業務，J-SOXに基づく内部統制構築支援業務（業務フロー，業務記述書，ＲＣＭ，規程類作成業務を含む），内部統制監査業務，日本親会社による内部監査支援業務，不正リスク対策支援業務，原価計算制度構築支援業務，ＥＲＰ導入コンサルティング業務，財務会計税務顧問業務。

URL：www.raiseconsult.com

以　上

著者との契約により検印省略

平成24年5月30日	初版発行
平成26年6月30日	改訂版発行
平成30年4月30日	3訂版発行

中国現地法人の
財務会計業務チェックリスト
〔3訂版〕

著 者 加 納   尚
発行者 大 坪 克 行
印刷所 税経印刷株式会社
製本所 牧製本印刷株式会社

発行所 〒161-0033 東京都新宿区
　　　 下落合2丁目5番13号
振　替 00190-2-187408
Ｆ Ａ Ｘ（03）3565-3391
　　　URL http://www.zeikei.co.jp/
乱丁・落丁の場合は、お取替えいたします。

株式会社 税務経理協会

電話（03）3953-3301（編集部）
　　（03）3953-3325（営業部）

© 加納 尚 2018　　　　　　　　　　Printed in Japan

本書の無断複写は著作権法上での例外を除き禁じられています。複写される場合は、そのつど事前に、（社）出版者著作権管理機構（電話 03-3513-6969，FAX 03-3513-6979，e-mail: info@jcopy.or.jp）の許諾を得てください。

JCOPY ＜（社）出版者著作権管理機構 委託出版物＞

ISBN978-4-419-06527-0　C3034